U0568275

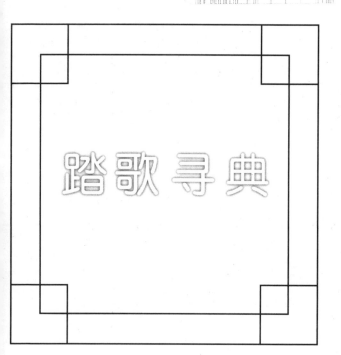

文化百科丛书

踏歌寻典

赵书 著

文物出版社

北京正阳门

前门大街五牌楼

正阳门下关帝庙

中华门

景山万春亭

西四牌楼

永定门

广安门城门

阜成门城楼和箭楼

驼队驻店

鼓楼、钟楼、什刹海

北翔凤胡同鸟瞰

燃灯塔

北海

天坛一角

天坛七星岩

雍和宫大殿一角

天主教北堂，始建于 1888 年

耶律楚材石像

颐和园铜牛

卢沟晓月

幼狮吻须（卢沟桥）

北京团城演武厅

健锐营碉楼

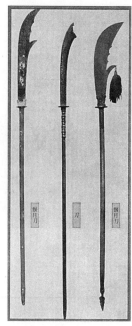

健锐云梯营兵器

偃月刀　刀　偃月刀

掼跤场

妙峰山

长城

同仁堂老药铺

喜迎羊年（厂甸庙会）

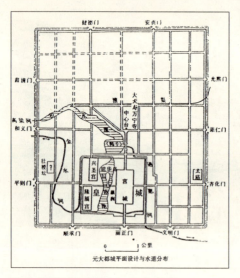

元大都城平面设计与水道分布

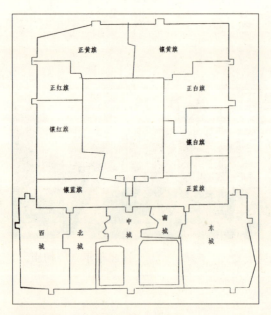

清初内城八旗外城五城示意图

目　录

踏歌寻典

踏歌寻典

踏歌寻典

凡　例

1. 本书所选的地名歌谣主要来源于《中国歌谣集成（北京卷）》中入选的歌谣。

2. 《中国歌谣集成（北京卷)》入选时要求科学性，保持搜集采录时的原始状态，因此同一首歌谣在不同地区流传时会发生变异，有不同版本。《集成》在发表这些歌谣时是采用几种版本同时列出，以（一）、（二）、（三）……标出。本书在采用这些歌谣时，是把几首歌谣中共同部分和有代表性的部分拿出来，重新编写成一首歌谣。

3. 有些路程因知名度高，歌谣版本多，侧重面不一样，不加整理，同时列出。所以出现同一地名有几首歌谣的情况。

4. 有些知名的谣谚仅两句，又很有代表性，采取另加两句扩充成四句歌谣加注。有些风景均是四字命名，为求歌谣风格，把四字加成七字句加注。

5. 有的路程重要，但没有相应歌谣，为求所涉地名分布均衡，自撰一部分歌谣，其内容以现实为主。

踏歌寻典

　　6. 所有歌谣均有简单的注解，所用资料除书后注明者外，有的在文内标出。

　　7. 根据《中国歌谣集成（北京卷）》的惯例，注解之后又加少许附记，对注解加以补充，以使读者对歌谣内容和流传背景进一步了解。

　　8. 为了使所选歌谣更具代表性，本集也选择了"胡同美名唤香儿"这样的地名诗，虽然是文人的雅作，但有传抄价值，也是京城这特有的人文环境中饭后茶余的谈资，也收了几首，使大家对北京地名谣有多方面了解。

踏歌寻典

永远的记忆

小时候，常常和小伙伴们说些歌谣，诸如"小汽车，嘀嘀嘀，里边坐着毛主席""拉大锯，扯大锯。姥姥家里唱大戏"之类。那时正是少年不知愁滋味的时候，只管去说，而且非常带劲儿。在很长的一段时间里，我一直以为这歌谣只是小孩子的事情，不过是让我们听点儿话，懂一点儿事情而已。

后来上学了，渐渐能读《三国演义》《水浒传》之类的书，才知道这歌谣还是政治斗争的一种手段，比如在《三国演义》里，刘备将要进西川取代懦弱的刘璋，成都城里人心惶惶。忽然满街的小孩都在唱"若要吃新饭，须迎新主来"。我一下知道了，这是刘备进军的舆论准备，小孩子再聪明，也编不出这样的歌谣来。这是大人编好了，让孩子唱出去，给人们一种错觉，那就是刘备来攻打是"天意"，谁也阻挡不了。在当时人们还普遍迷信的情况下，这确实是一种瓦解对手的有力手段。

最近读了赵书先生《踏歌寻典》一书，对歌谣有了进一步的认识。他不仅

踏歌寻典

1

踏歌寻典

属于孩子，或者是大人借孩子的嘴进行宣传，而且有时是真正属于成人的。聪明的人借用这种便于记忆的方式，把一些有关天文、地理、军事诸方面的事情，变成简练的、通俗的韵文。这样读起来上口，记起来容易。但是它不是诗歌，没那么文雅，也不是顺口溜，没那么单薄。它是一种特殊的民间口头文学，也就是我们平时说的歌谣，或者是民谣。请诸君千万不要小看这不起眼的歌谣。

如果您是在小时候听说的，肯定至今还记得，它不仅具有娱乐性，而且还有相当科学的知识性在内。这样一代代的口口相传，记住的人多了，它的传播范围也就越来越广了，因而在人们的头脑里就留下了深刻的印象。有时歌谣可能记不全了，但是某些事情却牢牢地记住，或者说是刻在脑子里了。这就是包括歌谣在内的民间口头文学的基本功能，别人说得出，我听得懂，而且记得住；然后，我又讲给他人听，他人又讲给他人……那真是没完没了。谁都知道在文字产生前，口头文学的功劳和贡献，似乎没有想到在文字出现几千年后，口头文学依旧有这么强的生命力。当然这些歌谣也有优劣之分，那些最有价值的东西，将在您的记忆里永存。

话说回来，既然口头文学有如此之强的生命力，为什么还要编辑这本《踏歌寻典》呢？这样做是有充分的道理的，首先是在数上占优势，因为本书的内容不是一个人在短时间内能收集起来的。一个人的记忆再好，也不可能记住这么多的内容。这就好比游泳，平时只是在池子里，现在到了江河中，那种惬意是不难会意的。还有一个是准确性，这本书收入的都是有关地名典故的歌谣，涉及到许多具体的地名、人名，我们的记忆难免有错误，而这里的歌谣都是经过反复校订过的，应该说具有相当的准确性的。还有一点相当主要的，那就是资料性。随着城市建设的发展，任何地方都发生了极大的变化。我们且不去议论其中的得失，但是有一点是非常肯定的，那就是有些地名只有其名，而无其实了。比如许多北京人每天要经过地安门，谈话里也经常涉及到这个地名，可是那门又在哪里呢？确切地说，在人们的记忆里。现在的人说地安门只是泛指那么一个地方，没有人去追究门楼子的高低和走向。我还要说一句，它在我们的歌谣里。《踏歌寻典》就保留了许多应该记忆

踏歌寻典

3

踏歌寻典

的东西。这样一来，它的资料性就得到了进一步的肯定。

赵书先生是学者，他的治学态度是严谨的，也是科学的。别小看这样一本小书，它不是小说，只要灵感来了，顷刻可以千言万语；它不是戏剧，可以随意地跨越时空。它本身的属性需要整理者去一字一句地收集、整理，就经济效益来说，它是不起眼的；就花费的精力来说，它是相当磨人的，但是就学术性来说，它又肯定不会向其他的门类来示弱的。这就是那么多年了，它还存在，还有人去整理的缘故。

记得电视剧《无悔追踪》的片头，就有童音在念一首有关北京地名的歌谣。人们说起来还都挺有新鲜和亲切感的。如果您也是这样，那就不妨来读一读这本书吧，或许它就是您寻求多日的东西。

　　　崔陟　癸未年夏至日于归燕堂

省市区地名歌

两湖两广两河山，
五江辽四吉福安，
西宁云贵陕青甘，
重海内台北上天。

两湖：湖南省、湖北省；两广：广东省、广西壮族自治区；两河山：河南省、河北省，山东省、山西省。

五江（疆）：黑龙江省、浙江省、江苏省、江西省、新疆维吾尔自治区；辽四：辽宁省、四川省；吉福安：吉林省、福建省、安徽省。

西宁：西藏自治区、宁夏回族自治区；云贵：云南省、贵州省；陕青甘：陕西省、青海省、甘肃省。

重海：重庆市、海南省；内台：内蒙古自治区、台湾省；北上天：北京市、上海市、天津市。

这首歌谣流传于 20 世纪 60 年代，传为周恩来总理所作。因是民谣，无法确定其作者，因传得广，所以人们把这首歌谣的著作权说成是日理万机而又受人爱戴的周恩来同志了。最早第四句是：

"还有内台北上天",因1988年前海南岛尚未独立建省,重庆市也不是直辖市。四句地名谣中也没有把香港特别行政区和澳门行政区写进去,一是当时这两个特别行政区尚未回归祖国,二是这四句歌谣讲的是省、自治区和直辖市。所以,现在要讲"省市区地名歌"时编者把最后一句改为"重海内台北上天",把重庆市和海南省包括了进去,还应再加一句"还有港澳两特区"才好把全国行政区划说全。

我国的行政区划有悠久的历史,早在春秋时期就产生了县制和郡制,战国时期初步奠定了郡县制的基础。公元前221年,秦始皇统一中国,下令把全国划分为三十六个郡,全面推行郡县制。经过历代的演变,到民国时期已形成省、州、县等比较完备的地方行政区划体制。但是,长期以来各个朝代对行政区域的管理都很粗略,一般只有"四至"(东西多少里,南北多少里)、"八到"(在不同的方位定八个点),作为行政划一个重要组成部分的行政区域界线一直都因种种原因没有明确划分过。自20世纪80年代末,我国开始省、县两级行政区域勘界试点。1996年起,中国历史上第一次全国大勘界全面展开，2002年冬基本结束。我国31个省、自治区、直辖市（未含香港、澳门特别行政区和台湾省在内）之间的68条、6.24万公里省级陆地行政区域界线，42个三省交会点和18个省级边界线起止点，6400多条、41.6万公里的县级行政区域界线全部勘定。2002年12月24日下午，根据全国首次大勘界工作成果，由民政部、国家测绘局联合编制的1:400万《中华人民共和国行政区划图》在北京举行了首发式，这是我国第一张反映法定省级行政区域界线的全国行政图，使因行政区域界线不清而引发边界争议的历史成为了过去。

　　附记：后一段参照2002年12月25日《北京日报》记者王鸿良"全国大勘界推出新地图"一文写成。

北京区县地名歌

东西崇宣，
朝海丰石，
通顺平怀密，
房门大昌延。

东城区，位于今北京城区东北部。为原北京内城东半部，其北线向北扩展，东北角向东扩展。有 10 个街道办事处：和平里、安定门、交道口、景山、东华门、建国门、朝阳门、东四、北新桥、东直门。面积 24.7 平方千米，人口 535558 人（2000 年，以下同）。

西城区，位于今北京城区西北部。为原北京内城西半部，其北线的东侧向北扩展，西线向西扩展。有 10 个街道办事处：厂桥、月坛、丰盛、阜外、德外、二龙路、展览路、福绥境、新街口、西长安街。面积 30 平方千米，人口 706691 人。

崇文区，位于今北京城区东南部。为原北京外城东半部，其南线的西侧向南扩展，包括永定门火车站地区。有 7 个街道办事处：前门、崇文门、东花市、

踏歌寻典

天坛、休育馆路、龙潭、永定门外。面积 15.9 平方千米。人口 346205 人。

宣武区：位于今北京城区西南部。为原北京外城西半部，其西线除端外均向西扩展到广安门火车站。有 8 个街道办事处：广外、广内、牛街、白纸坊、大栅栏、椿树、陶然亭、天桥。面积 16.5 平方千米。人口 526132 人。

朝阳区：因地处朝阳门外之东而得名，曾叫东郊区。下辖朝外、建外、望京等 22 个街道办事处、将台等 5 个地区办事处、小红门、十八里店等 19 个乡政府。面积 470.8 平方千米，人口 2289756 人。

海淀区："海淀"一词据张清常先生在《北京街巷名称史话》一书中考证是蒙汉两种语言珠联璧合而构成的词。"海"是蒙语，"淀"是汉语。下辖 22 个街道办事处，10 个乡政府。面积 426 平方千米，人口 2240124 人。

丰台区：金时韩昉在今丰台镇地方建了别墅，名曰远风台。明朝时此处已建立村庄，名曰风台。清朝改为丰台。下辖 14 个街道办事处：丰台、卢沟桥、南苑、东高地、大红门、右安门、西罗园、太平桥、东铁匠营、马家堡、新村、和义、长辛店、云岗。2个地区办事处：方庄、宛平城。6个乡。面积304.2平方千米，人口1369480人。

石景山区：因区内有石景山而得名。位于城区近郊，下辖八角、八宝山、苹果园、古城、五里坨、金顶街、广宁、老山等10个街道办事处。面积81.8平方千米，人口489439人。

通州区：金海陵王天德三年（1151年）在这里设州，是运河北端终点，取运河漕运通畅周济之意，漕运千万不能堵塞，所以叫通州。辖新华、中仓等4个街道办事处，宋庄、台湖镇等9镇，2个地区办事处，12个乡政府。面积81.8平方千米，人口673952人。

顺义区：唐玄宗天宝元年（742年）这里是个州，开始名为顺义郡。因隋朝文帝开皇（581～600年）年间突厥渠长度地稽率领八部归附，朝廷将其安置此地而命名"顺州"。辖胜利、光明2个街道办事处，高丽营、南彩等12镇、7个地区办事处。面积980平方千米，人口636479人。

平谷区：因其地形三面环山，中间是平原而得名"平谷"，自汉高祖十二年（前195年）便已建立平谷县，是北京区县中最古老的名称之一。辖东高村、山东庄、夏各庄、马坊、马昌营、韩庄等15镇，熊儿寨1个地区办事处和黄松峪等2个乡政府。面积1075平方千米，人口396701人。

怀柔区："怀柔"见于《诗经·周颂·时迈》："怀柔百神"，意思是招来安抚。唐太宗贞观二十二年（648年）开始设怀柔县。辖北房、杨宋、渤海、雁栖、九渡河等12镇，范各庄、长哨营满族乡、喇叭沟门满族乡3个乡政府。面积2557.3平方千米，人口296002人。

密云县：燕昭王二十九年（前283年）在此建渔阳郡，密云县得名于密云山（今丰宁满族自治县境内的云雾山）。辖溪翁庄、巨各庄、河南寨等16镇，东邵渠等2个乡政府。面积2335.6平方千米，是北京面积最大的远郊县。人口420019人。

房山区：元世祖至元二十七年（1290年）改奉先县为房山县，以境内大房山命名。辖房山、新镇、栗园、向阳、东风、迎风等7个街道办事处，良乡、周口店、琉璃河3个地区办事处，12镇和5个乡政府。面积1866.7平方千米，人口814367人。

门头沟区：1952年撤消宛平县，与门头沟区合并为京西矿区，1958年5月为门头沟区。门头沟区与石景山区接壤，据传石景山衙门口村原为燕昭王（前311年）所建碣石宫之地，门头沟乃门前沟之意（北京土语，请你在头里走，即前面走），其名久矣。门头沟与关沟（居庸关）均是太行山之要道。辖大峪、城子、东辛房、大台共4个街道办事处，王平地区办事处，斋堂、清水、潭柘寺等8镇。面积1331.3平方千米，人口266591人。

大兴区：金海陵王贞元二年（1154年）名为大兴府，意思是弘大兴盛。元忽必烈至元四年（1267年）把大兴府的治所迁到今北京市东城区的大兴胡同。1935年将县署迁到南苑北大红门，从此与北京城区分开。辖采育、青云店、西红门、长子营、黄村等14镇。面积1012平方千米，人口671444人。

昌平区：西汉在此设昌平县，取昌盛平安之意，与孔子生于鲁"昌平"乡陬邑中之昌平名相同。辖3个街道办事处、3个地区办事处和11个镇。面积1430平方千米，人口614821人。昌平也是北京最古地名之一。

延庆县：早在战国时期就设立了县，县名叫居庸。元仁宗延祐三年（1316年）更名龙庆州，明永乐十二年（1414年）设隆庆州，明穆宗朱载垕登基后改年号为隆庆（1567年），由于避讳改名为延庆州，1913年改为延庆县。辖永宁、康庄等11镇，1个城镇办事处和靳家堡等4个乡政府。面积1980平方千米，人口275433人。

北京城的初建，始于西周初年的蓟城，地点在房山区琉璃河董家林村，时间是在公元前1045年。因为蓟城是燕国的都城，后来北京又被称作燕京，原因就在这里。今日的北京在秦代分属于上谷郡（延庆县西部的西部、昌平区的大部、门头沟区的西部、房山区西北部）、渔阳郡（延庆县东部、怀柔区、密云县、顺义区、平谷区西部、通州区东部）、广阳郡（城八区和房山区东南、大兴区、通州西部）、右北平郡（平谷区东部）。北京在汉代时期属幽州，隋代时属涿郡和奚（延庆县东、怀柔区北、密云区西北）、安乐郡（密云区、怀柔区南）、渔阳郡（平谷区）。唐代，今北京境内的政区大部分属幽州（范阳郡），檀州（密云郡）和妫州（妫州郡）。今怀柔区北部和延庆县东北部山区则属饶乐都督府，为奚地。辽代今北京地区属析津府，辽代在此设南京，城市管理沿袭唐代，由附部二县即析津、宛平分治。金朝迁都燕京后改称中都，并改燕京路为中都路，析津府为大兴府，属中都路。元朝改中都路为大都路总管府，大兴府仍旧。明朝朱棣靖难夺取帝位后，改北平为北京，并改北平府为顺天府。清朝定都北京，区州县行政建置基本沿用明朝建制，保持稳定，长达260多年。中华民国北洋政府时期，北京地区的行政建置基本沿袭清代，惟1913年改州为县，如延庆州改为延庆县，昌平州改为昌平县，通州改为通县。同时改顺天府为京兆地方。1928年，国民政府建都南京、北京遂改名北平，并改直隶省为河北省，撤消京兆地方，属县改隶河北省。

1949年10月1日，中华人民共和国成立，定都北京，辖区面积为707平方千米。从1949年到1958年，市界先后经过5次扩大，到2003年土地面积16808平方公里，2000年人口普查为13569194人。现北京市已发展成为4个城区：东城区、西城区、崇文区、宣武区。4个城近郊区：朝阳区、海淀区、丰台区、石景山区。10个远郊区县：通州区、大兴区、房山区、昌平区、怀柔区、顺义区、平谷区、门头沟区和密云县、延庆县。北京位于东经115°25′～117°30′北纬39°28′～41°25′，地处华北平原的西北边缘，东西宽160公里，南北长达170公里。山地约占62%，平原约占38%。地形的主要特点是西北高，东南低，最高海拔2303米，最低为8米。这种自然状况三千多年来使北京地区的政治、经济、文化得到持续发展，行政区县建制也保持了相对的稳定，各个区县的特色和优势得到凸现和互补，使北京地区得到有机结合，全面进步。

踏歌寻典

11

北京形胜歌

三山五水一平原，
一河四道南北穿，
内城外城跨长城，
二线三安套六环。

"三山五水一平原"，是讲北京自然地理特点。北京市位于我国东部偏北，华北大平原西北端。《天府广记·形胜》称它"幽燕自昔称雄。左环沧海，右拥太行，南襟河济，北枕居庸"。内跨中原，外控朔漠。《日下旧闻考·形胜》称它"形势之雄伟博大，甲于天下"。北京市地势西北高东南低，西、北、东三面被山环绕。西部山地是由几列东北—西南走向的褶皱山岭与山谷组成，总称西山，属太行山脉，最高峰东灵山，海拔2303米，是北京第一高峰。北部山地以军都山为主体，属燕山山脉，一般海拔800米以下，最高峰海坨山，海拔2234米，是北京第二高峰。东部山地也属燕山山脉，平谷区的四座楼山较高，海拔1063米。北京市境内有大小河流二百余条，分别属于拒马河、永定河、温榆河——北运河、潮白河、蓟运河五大水系。河流的流向多为自西北向东南。北京有五座大型水库：密云水库、怀柔水库、海子水库、白河堡水库、官厅水库。十三陵水库是兼容防洪、发电、灌溉、养殖、旅游等目的的综合利用型水库，是北京著名风景区之一。为合理利用地表水源，有四大引水渠：永定河引水渠、潮河总干渠、京密引水渠、白河堡引水工程。全市总面积 16808 平方公里，山区面积占 62%，平原面积占 38%。北京三面靠山，一面向广阔的平原和无际的大海，很像一个半封闭状态的海湾，在地理上称其为"北京湾"。这块平原是由永定河的冲积扇形成的，又叫"北京小平原"。

"一河四道南北穿"，是讲古代北京交通地理特点。一河，北京至江苏宿迁和江苏清河（今淮阳）南至杭州的大运河。大运河把北京和祖国的东南地区联系在一起，促进南北物资交流和社会发展。四道：伊钧科同志在《北京古代交通》一书中说："学贯东西、享誉中外的我国著名历史地理学家、北京大学侯仁之教授，在研究北京城的历史发展时，科学地揭示了北京城原始聚落形成的原因。这原因不是别的，归根到底，就在于几千年前早已形成的北京这地方的交通道路格局。"三四千年以前，平原地区的农耕民族要想翻过燕山去和游牧民族进行交流只有四条路可走：一是太行山东麓大道，可避去当时华北大平原湖淀沼泽广泛不利运行之苦；二是居庸关大道，通过延庆盆地直上张北高原；三是古北口大道，通过滦平、隆化到燕山腹地；四是燕山南麓大道通过山海关通达松辽平原。第一条道的终点是卢沟桥，是其他三条北上路的出发点；三条北上路又是北方和东方来京的大道，卢沟桥又是自北向南的终点。因此，古永定河渡口就成了南北交通的枢纽，成为了北京建城、立都的地理原因。由于永定河经常泛滥，所以北京最早的居民点"蓟丘"在今广安门一带，距卢沟桥约15公里。正由于这一河四道，使北京由天然性交通枢纽，上升到地区性，又转变为全国性的。造成这种转变的动因，是北京自辽以后变成全国的政治中心，是封建王朝的朝廷所在地。

"内城外城跨长城"，北京城市建筑特点是"城"，是最能体现中华民族都城规划理论并付诸实践，达到登峰造极的

"营国之最"。朱祖希老师在其著作《北京城——营国之最》中说："在中国的汉字上，'城'字有两种含义，其一就是'城墙'，其二就是'城市'。"北京这二个特点兼而有之。从西周时期琉璃河董家林的蓟算起，北京有三千多年的建城史，从金代在今广安门一带建中都时计算，北京有八百多年的建都史。我们今天所见到的北京城，实际上是明北京城的总体格局，明北京城又是在元大都的基础上改造、扩建发展而成的。元大都的平面设计是按照春秋战国之间编写成书的《周礼·考工记》，主要建筑群的布局和安排，基本上是合乎"匠人营国"中前朝、后市、左祖、右社的设计要求的。明代攻下元大都后，将大都城改名北平。为了加强防守，对大都城进行了改建，放弃了北部城区，在北面城墙以南约五里处另筑新墙，仍开两个城门：安定门、德胜门。燕王朱棣即皇帝位之后，建都北京，在旧城以南近二里处另建南墙，也就是今日崇文门、正阳门与宣武门东西一线的位置，使北京城呈四方形，即现在讲的内城。明嘉靖四十三年（1564年）又修筑了包围南郊一面的外罗城，即旧日说的北京外城。外城的修筑，使北京城在平面上构成了凸字形轮廓，这是北京特有的布局。长城和运河是中国古代两大宏伟工程，北京地区在公元前3世纪中叶燕国建北长城、南北朝时北魏的南部长城，以后的北齐又筑长城，明朝修建的长城工程最大、布局最完善。北京现存长城主要是明长城。它从山海关蜿蜒而来，在平谷县将军关附近进入北京市界，从东到西横跨平谷、密云、怀柔、延庆、昌平及门头沟六个区县，沿北部山区呈半环状包围着北京小平原。著名的景点有八达岭、居庸关、慕田峪、古北口、司马台等，是万里长城最有代表性的地段。

"二线三安套六环"，是讲现代北京市的城市布局和交通网络的规划。根据《北京历史文化名城保护规划》和迎接2008年奥运会的《人文奥运文物保护计划》，增加首都浓重的历史文化气氛，将对"二线"、"五区"、"六景"范围内的重要文物单位和遗址进行保护。其中"二线"指城市中轴线、朝阜路沿线。规划的中轴线从北五环至南五环，全长25公里。它以旧城的永定门—钟鼓楼的7.8公里的中轴线为依托，将北端的奥林匹克公园、南端的南五环首次纳入其中，重点规划设计旧城内的钟鼓楼地区、地安门地区、前门地区、永定门地区、突出中轴线的对称严谨、壮观、开阔的文化特色。朝阜大街从朝阳门至阜成门，横贯旧城，经过北海、景山大街，沿线集中了大量的文物古迹和历史街区，如鲁迅故居、白塔寺、历代帝王庙等。据不完全统计，仅景山—朝内大街就有30多个文物保护单位。通过城市设计，对沿街的文化资源加以整合，特别要对阜成门大街两侧、西什库教堂地区、五四广场等地区进行重点规划，使朝阜大街成为旧城东西向的一条最具传统文化特色的城市景观走廊。"三安"系指长安大街、平安大街、广安大街。这三条大街与朝阜路、前三门大街形成了横贯旧城的五条东西大道，其中长安街是"神州第一街"，2002年市规委将长安街、中轴线、朝阜大街的城市设计向国际招标。平安大街、广安大街是城市改造的重点工程，也是城市风貌代表性街道。"套六环"系指以天安门为中心的六条环城马路，既方便了市内交通，又缓解了路经城区车辆带来的压力。以这六条环线构成了当代北京地上交通网，并完成了北京平面呈牡丹花形的布局。

附记：前三门大街虽然现在已成为城区交通干道，但这条道路的下面原来是护城河。城市中心有一条河流通过，无论是对环境保护和城市景观的设计，均起到非常重要的作用。填掉了护城河，使北京失去了当年这一优美的景观，是件十分可惜的事。好在水系尚在，在未来有条件时可以恢复，将是北京人一大幸事。

北京城　四四方

北京城，四四方，
皇帝宫殿在中央，
内九外七皇城四，
圈圈都有大城墙。
北京城，挂红灯，
九门八典一口钟，
九个城门十座庙，
只有一庙无神道。

北京城是一个先有平面设计，然后施工建成的城市。但北京不是一个正方形的城市，因为它由内城和外城组成，所以平面呈凸字形，城区面积约62平方公里。现在的北京城区，是明代在元大都的基础上改建而成的。在我国历代的都城建设中，元大都的平面设计，可以说是最接近于我国古代一种理想的设计方案。这一理想设计，就是要以体现皇权至上为其指导思想，具体要求体现在春秋战国时期编成的《周礼·考工记》中。主要内容是（1）帝王之都应是四方之城，四面开门，内有横平竖直棋盘格似的街道；（2）皇城应坐北朝南，在城市中央部位的前方，皇宫左边是太庙，右边是社稷坛，后面是市场；（3）在城市的建设上有一条明显的中轴线，突出皇宫的位置，显示封建王朝统治中心至高无上的威严感。北京城是以紫禁城（皇宫）为中心、外套一圈红门阑马墙的皇城、又加一圈内城的大环套小环的城池。明嘉靖四十三年（1564年），计划在北京内城四面再加一圈外垣城墙，后因财力不济，只修了南面外城墙，东西和北面未修建，形成了如今北京城特有的内外城格局。

北京这几圈城墙，自明代就有内九外七皇城四的说法。内九是指内城的九座城门，它们分别是：崇文门、正阳门、宣武门、阜成门、西直门、德胜门、安定门、东直门、朝阳门。外七是外城的七座城门，它们分别是：广渠门、广安门、东便门、西便门、左安门、右安门、永定门。皇城的四个门是天安门、地安门、东安门、西安门。内城和外城的城墙在20世纪70年代陆续被拆除，其位置大体是现在的二环路，现仅余东南角楼一段城墙供大家游览。城楼尚有正阳门城楼和箭楼、德胜门箭楼、内城东南角楼。皇城风貌将被保护，东城已建皇城遗址公园，是北京市民休息的好去处。

　　旧日的北京，每天夜间城门都要关闭，在晚上关城门和早晨开城门时都要鸣"典"，敲一种扁平状的铁制鸣器为号，惟独崇文门不鸣典，而是敲钟，因此留下了"九门八典一口钟"的俗语。崇文门为什么与其他城门不一样，敲钟不敲典呢？因为崇文门位于内城的东南角，地势较低，每逢京城下大雨时，崇文门要开启城门向南护城河泄水，何时积水何时泄，不分白天和夜间，所以就获得了与众不同的敲钟权，以与其他城门区别。九个城门各有不同功能又有不同专称，崇文门除有泄水功能外，平日主要是收税，叫税门。正阳门称国门、阜成门称煤门、西直门称水门。德胜门称兵门，出兵打仗走此门。安定门称进兵门，得胜班师走此门。东直门称砖瓦门，京城所用城砖以及皇宫用砖，经通惠河、护城河，运到此处进城。朝阳门称粮食门，门内有禄米仓、旧太仓、富新仓、南新仓、兴平仓等库存粮。宣武门称刑门，去菜市口行刑的犯人走此门。明清时，正阳门是皇帝到天坛祭天所经过的城门，因止阳门在平日空棺不准抬入，实棺不准出丧，一直到民国时期仍维持此规定，其它城门不限。

北京内城有九座城门，每座城门都是由城楼、箭楼和瓮城组成，是一组建筑。清朝皇帝是满族人，从在关外时的努尔哈赤、皇太极这二代汗王就爱看《三国演义》，把这本书当做兵书来看，把书中的英雄人物关羽当成是清朝的护国神。凡有八旗兵营，就要建座关帝庙。北京内城按八旗方位驻军：正黄旗居德胜门内、镶黄旗居安定门内；正白旗居东直门内、镶白旗居朝阳门内；正红旗居西直门内、镶红旗居阜成门内；正蓝旗居崇文门内、镶蓝旗居宣武门内。八旗各居一城门之内。每个城门的瓮城均建有关帝庙。瓮城内建关帝庙早在明代就有了，只不过到清代关帝庙香火更盛了。九个城门的关帝庙以正阳门瓮城内的庙最大，凡来北京的人先到正阳门拜关帝，每年正月初一和五月二十三日关帝生日这二天香火最盛。正阳门内除关帝庙外，还有一座观音庙，所以形成了"九个城门十个庙"的格局。东直门是在元代崇仁门基础上改建的，瓮城较小，运粮运货的车马行人又多，所以这里的关帝庙较小，殿中没有关帝的神像，只是一个牌位，所以出现了"只有一庙无神道"的现象。

　　附记：除此歌谣外，还有一首描述北京的歌谣："刘伯温修造了北京城，前门楼子高大是第一名。北京城，方又圆，四十里路走不完。九座城门九座桥，就属前门高又好。前门楼子九丈九，威风凛凛在正南。"关于北京城的特点，京剧《游龙戏凤》里的明武宗朱厚照说得很形象："大圈圈里有个小圈圈，小圈圈里有个黄圈圈，我就住在那黄圈圈里面。"

踏歌寻典

北京城门胜景多

北京城门胜景多，
朝谷东塔安定和，
阜梅西柳宣武水，
正马崇龟德胜石。
彰仪金人西便羊，
右安花畦永定幢，
左安架松东便船，
沙窝门外皇木厂。

北京城的各城门由于所处地理位置的不同又各自有自己的功能特色，景物特色。朝谷，朝阳门为旧时进粮之门，在它门洞的左侧城上刻有"朝阳谷穗"石雕。朝阳门与元大都的齐化门城门城墙重叠，所以百姓俗称还叫齐化门，城门洞的刻花石雕毁於 1900 年。东塔是指东直门外下关道南的铁塔，景名为"东直铁塔"，塔内所供佛像据传是明代建文皇帝朱允炆。东直门是在元大都崇仁门基础上建成，商门、交易之门，所过行人以客商居多，没有俗称。安定和，是指安定门乃和平之门、丰裕之门，皇帝每年去地坛祈祷走此门。安定门瓮城中还奉有北方之神真武帝君，其祀像披发、黑衣、仗剑、踏龟蛇，从者执黑旗，所以旧时称"安定真武"。建国后在安定门外辟新区名叫和平里，其名称来源于1954年在北京召开的亚太地区和平会议，以表达中国人民热爱和平之意。

阜梅，是指旧日阜成门（平则门）的门洞中曾有一方石刻浮雕梅花，名曰"阜成梅花"。梅与煤同音，山西和门头沟产的煤由此门进城，用"梅"之谐音以示吉祥。阜成门是在元代平则门基础上改建而成，在老北京人中仍称其古名。阜成门又称杜门，是北京人春天去钓鱼台游玩所出之门，休憩之门。西柳，全名是"西直折柳"，清代西直门外之长河以两棵柳树中间夹一株桃树的排列栽在河边，春天桃红柳绿，夏季垂柳成行。城外古迹繁多，称开门，属皇帝晓谕之门，是在元代和义门基础上建成，20世纪70年代初拆除西直门城门楼、箭楼和瓮城时，露出了包在城墙内元代和义门的原状，使人们见到了元大都城门的原貌。宣武水，全名是"宣武水平"，原宣武门（顺治门）瓮城内建有砖砌的五火神台，看门兵以此砖台被水淹没为标记，决定开闭城门以便适时泄水。

　　正马，是指"正阳石马"。因为北京城的部署，都是围绕着皇宫这个中心而展开的，贯通这个部署的就是南起永定门北到钟鼓楼长达 8 公里的中轴线，正阳门就是这条壮美中轴线上的第一个高潮音符。中轴线又称子午线，"子"是指后门桥下埋有石鼠，"午"是指正阳门下埋有石马。20 世纪 60 年代要修建北京地下铁道时，在正阳门箭楼与五牌楼之间西侧河道中确实出土过一尊石马，长约 2 米，高约 1 米，横于河中。午，在十二属相中代表马，在时间上是代表中午十二点，与正阳一名正适合。崇龟，是指"崇文铁龟"，崇文门瓮城左的镇海寺内（今 3 路电车终点站处）有一造型古朴的铁龟，直径 1 米多，其用意是为了镇住护城河内的"海眼"，以防河水泛滥淹浸京城，崇文门在市民俗语中沿用了元大都哈德门的称呼。德胜石，全名是"德胜石碣"，又称"德胜祈雪"，原在德胜门瓮城内有一黄色琉璃瓦亭，内立有一通清乾隆皇帝御笔碑文的石碑，记载乾隆四十三年（1778 年）天大旱，年末乾隆去明陵后回到德胜门时喜逢大雪，乾隆大悦，书祈雪诗三首，立碑，"德胜石碣祈雪碑"因之得名。

彰仪金人。因外城西侧的广安门建在金代彰仪门内大街上，城楼上存放金代石人一尊，故沿用了"彰仪门"这一金代名称，景色称"彰仪金人"。西便羊，全名是"西便群羊"，京城小八景之一。其余七景为北海水航、银锭观山、陶然香冢、南囿秋风、东郊时雨、星台晓望、鱼塘濯锦。西便群羊指的是早年在西便门外护城河旁有数十块白色石头，远远望去好像是羊群在低头吃草，野味十足。北京曾流传一个关于西便群羊的民间故事，鲁班的徒弟赵喜为了抢为北京建城运石头的头功，四更天学鸡叫，使鲁班儿子赶的用石头变成的羊在西便门外现了真身。由于赵喜心存不良，所以又有了一个"赵喜送灯台，一去不回来"的故事。有兴趣的读者可以从《中国民间故事集成（北京卷）》中读到这些故事，说明此景色在北京是很深入人心的。

右安花畦，旧日右安门外有很多花农以养花为生，每到春秋之季这里百花盛开，一片绮丽的花乡风光。右安门外的花以春天的芍药和秋天的菊花最为驰名。《燕京岁时记》一书中有这样的记载："芍药乃丰台所产，一望弥涯。四月花含苞时，折枝售卖，历遍城坊。"永定幢，永定石幢指的是"燕墩"，又称"烟墩"，在永定门外路西铁道南侧。烟墩是元、明时代京都"镇物"之一，按五行说法南方属火，所以设一个火神祭坛——烽火台。清代乾隆十八年（1753）皇帝立御碑于其上，碑文中记述了幽燕地区的历史沿革和山川形胜，以及古迹与民俗等事迹，成为了北京著名街头碑刻之一。以后人们多注意碑刻内容，忽略了古代建墩之原意，讹传为"燕墩"，成为永外一景。

左安架松，在左安门（江擦门）外的东南方向原有架松村，是清代八个铁帽子王之一肃武亲王的墓地。所谓铁帽子王，就是这户王爷每代人都出一名王爷，和皇帝家每代出一名皇帝一样，世袭罔替。肃王府在清代二百多年中共有十几位肃亲王，葬在左安门外架松坟地的有四代五王，其中有第一代肃亲王豪格，他是入关后第一位皇帝顺治的长兄。肃亲王坟地松树特别多，其中有六棵最大，其枝干需用红色木柱支撑，因此叫架松。现在这些松树已无存，架松地名改成劲松，是一个居民区。东便船，东便游船，与什刹海、葡萄园、菱角坑一起列为北京消夏胜景，有人也将其列入北京后八景之一，但由于小八景、后八景均是民间流传，没有统一的说法。东便门外的二闸（庆丰闸），在每年端午节时通惠河上有乘篷船野游的娱乐活动，是旧京影响较大的民俗活动。

沙窝黄木，沙窝是沙窝门的简称，即现在的广渠门。旧日沙窝门外有皇家贮存木料的皇木厂，位置相当于现在的北京钢琴厂。皇木厂早在明朝永乐年间建造北京城时就存在了，木料来自全国各地，其中有许多巨木专为修造皇宫大殿而备。皇木厂有一镇厂之宝名叫"樟扁头"，该木周长二丈开外，长四丈，对面骑马经此木，双方看不见。上刻有"王二姐、张点头，嫌河窄，混江龙"字样，明代认为此木通神，不能轻易使用，一直放在厂内。清代乾隆皇帝到此，也为此巨木惊叹，写下"神木谣"并刻碑立此，并命用石栏杆将其保护起来。沙窝神木因有御碑而更彰其名，沙窝神木成为京城一名胜，享誉几百年。到20世纪60年代初，巨木仍残存丈余，扣之有声。十年动乱，在"破四旧"狂潮中残木被毁，护石栏杆被弃，其他遗物失存。1985年7月2日，埋入地下的《神木谣》碑被发现。

　　附记：此谣记述了原北京内城九座城门和外城七座城门昔日的胜景。由于时代变迁，这些胜景看不到了，但仍有四处城门风景可寻，这就是：正阳门城楼和箭楼、永定门城楼（重建）、德胜门箭楼、北京城东南角楼和城墙。香山脚下的团城演武厅，也可见到当时瓮城的一些踪影。

踏歌寻典

五城史地风物歌

东城布帛菽粟，
西城牛马柴炭，
南城禽鱼花鸟，
北城衣冠盗贼，
中城珠玉锦绣。

明朝定都北京在永乐年间，把京师划分为 5 城 40 坊，但仅限于现在的内城。嘉靖年间北元军事首领俺答率兵屡次进犯京畿地区，为维护北京的安全，嘉靖三十二年（1553 年）闰三月开始动工修筑北京外城，也就是在内城之外再建一圈城墙。外城先从南面修起，开工一个月财力就达不到了，无奈之下，只好仅修南面，原计划横阔二十里，缩减为十二三里便即收结。新修的外城的城基由东端转北，包上京城的东南角；西端转北，包京城的西南角。从此，北京城的平面呈"凸"字形。永乐年间修的北京城叫内城，嘉靖增修的部分称外城。对北京的城区进行了重新分划，内城只划中、东、西、北城，内外城共 5 城 36 坊。对于当时坊巷情况，在明代张爵所著《京师五城坊巷胡同集》中有详细记载。明代嘉靖年间所分的五城，大约是以正阳门内皇城两侧为中城；崇文门内街东往北至城墙及东城外为东城；宣武门内街西往北至城墙及西城外为西城；正阳、崇文、宣武门外为南城；地安门往北至安定、德胜门外为北城。

明代的东城包括明时坊、黄华坊、思诚坊、南居贤坊和北居贤坊等5个坊，其辖区相当于现在北二环以南；雍和宫大街、东四北大街、东四南大街、东单北大街、崇文门内大街以东；崇文门东大街以南；东二环以西这个地区，相当于北新桥、东四、朝阳门、建国门这4个街道办事处的位置。其中明时坊相当于现在的建国门街道，但北边只到西总布、东总布胡同。黄华坊相当现在建国门街道南，朝阳门街道北，南面是外交部街（明时石大人胡同），北到灯草胡同。思诚坊南起礼士胡同，北到东四四条和南门仓胡同。南居贤坊和北居贤坊，大体与现在北新桥街道同。因在明清两代东城是从南方海运、漕运布帛菽粟的仓储之地，也是殷实人家集中之地，所以称"东城布帛菽粟"。

明代的西城包括阜财坊、咸宜坊、

鸣玉坊、日中坊、金城坊、河漕西坊、朝天宫西坊。其范围大体是二龙路街道、丰盛街道、福绥境街道和新街口街道的西半部。二龙路街道相当于明代的阜财坊和金城坊的南半部，其名称来源于明朝的大明壕，大明壕有两个水汊靠近刑部大堂和牢房，形成了天然的护院河，如同二条龙。清代河流被淤，当年的护院河成了两个弯弯曲曲的水坑，俗称二龙坑，民国初年将坑填平，取名二龙路。原来明代刑部牢房门叫鬼门关，谐音雅化为贵人关，1965年将此处并入二龙路。丰盛街道相当于咸宜坊和金城坊北半部，其胡同名称来源于明代咸宜坊中的丰城胡同，该胡同西口在明代是一条南北斜向的大明壕，此壕于民国年间填平改成大道，即现在的佟麟阁路、太平桥大街、赵登禹路。福绥境街道相当于明代鸣玉坊、河漕西坊、朝天宫坊，福绥境是苦水井胡同的谐音雅化。西直门和阜成门均是西山煤、柴进京的地方，所以说"西城牛马柴炭"。

南城有正东坊、正西坊、正南坊、崇北坊、崇南坊、宣北坊、宣南坊、白纸坊等8个坊，涵括明代外城，相当于现在崇文区和宣武区的城内部分。正东坊相当现在崇文区的前门、崇文门、天坛、体育馆路4个街道所辖面积。正西坊范围大约与宣武大栅栏街道位置同。正南坊相当于宣武天桥街道。崇北坊相当崇文区东花市街道。崇南坊大体与崇文龙潭街道位置同。宣北坊位置相当于今宣武区椿树和广内街道。宣南坊相当于陶然亭街道。白纸坊相当于今宣武牛街和白纸坊两个街道面积。白纸坊是明代留到现在的惟一坊名。南城靠近丰台和南海子，花农进城来此卖花。昔日南城虽在城里，也有不少菜园和养鱼池，"南城禽鸟花鱼"点明了这一特点。

北城有教忠坊、崇教坊、靖恭昭回坊、灵椿坊、金台坊、日忠坊、发祥坊等7个坊，相当于现在东城区的安定门街道、交道口街道和西城区新街口街道的东半部和厂桥街道的北半部。现在东城安定门街道相当于明代崇教、灵椿、金台三个坊的面积。交道口街道相当于教忠坊和靖恭昭回坊的位置。西城新街口街道东半部属明代日忠坊。厂桥街道的位置相当于日忠坊南部和发祥坊。明代北京共计36坊，101牌，670铺。如果说铺和乡村的里相当，那么每里是70—110户，铺的规模应与之相近，是

踏歌寻典

北京城市的基层社区组织。明代沈榜编著的《宛署杂记》一书中曾记载各坊纳税户的数量，明代把京城各户分为三等九则，属上、中等者交税，下等不交税。北城各坊纳税户明显少于中城和东、西二城，说明居民结构经济水平在内城中是较低的，也是"北城衣冠盗贼"的注脚。

中城左东部有南薰坊、澄清坊、明照坊、保大坊、仁寿坊5个坊，左西部有大时雍坊、小时雍坊、安富坊、积庆坊4个坊，共9个坊。这9坊所在位置与今东城区的东交民巷、东华门、景山和西城区的西长安街、厂桥（南半部）街道辖区差不多，只不过明代当年的坊均在皇城以外，而现在的街道已打破了皇城界限罢了。中城住户是比较富足的，如大时雍坊内有734家纳税户，属上上等者99户，而北城的教忠、金台、灵椿等坊纳税户才100多户，每坊属上上等者不超10户，可见差别之大。富户集中地还有中城的南薰坊、东城的明时坊和南城的正东坊、正西坊。因整体来说，中城是明代权贵集中的地方，所以说"中城珠玉锦绣"，它毕竟是皇城四周啊。

"五城风物歌"有几种版本，张守常先生

踏歌寻典

所编的《中国近世谣谚》一书中是这样记载的"中城曰子女玉帛，东城曰布麻丝粟，南城曰商贾行旅，西城曰衣冠文物，北城曰奸盗邪淫。"这五句更接近明代情况，而本书所选的"明代五城风物歌"是由完颜佐贤先生讲述的，更接近清代的情况。

附记：完颜佐贤先生是金世宗二十七世孙，祖父为清代首次派驻法国的专职大使崇厚，曾祖父为《鸿雪因缘图记》的作者麟庆，均对北京史地掌故十分熟悉。

燕京八景

琼岛春阴观北海，
太液秋风望柳槐，
玉泉趵突冒泉水，
西山晴雪万里白。
蓟门煙树闻鸟语，
卢沟晓月照城台，
居庸叠翠看关沟，
金台夕照招贤来。

　　"燕京八景"是北京八处风景名胜的统称，据传是金朝第五位皇帝章宗完颜璟邀请当时文人学士游历中都，经过广泛比较遴选出来的。中国人对数字有很多情感因素，凡单数均有战略意义，双数则有战术意义。"八"是双数中的最大数字，不胪列出八景则不能显示本地河川之秀丽、古迹之灿烂、京都之辉煌。八景是北京的仪仗，说明环列京城内外的风景种类全，景点多，吉祥圆满。八景之说受到历代统治者和文人的重视，清乾隆皇帝两次写《燕山八景诗》，沿袭了元代的琼岛春阴、太液秋风、居庸叠翠、卢沟晓月、金台夕照五景和明代蓟门烟树一景，改玉泉垂虹为玉泉趵突、西山积雪为西山晴雪。并御书八景碑亭，分别立于西苑中海及琼华岛、朝阳门外、香山、玉泉山、卢沟桥、居庸关等处。八景总称历代各不相同，其中燕山八景出现最早，而燕京八景影响最大，以至于北京当时各县也都列出各自的"八景"，以示不愧京畿吉祥之地。

"琼岛春阴"碑立在北海公园琼华岛的东侧，碑上镌刻着乾隆手书的"琼岛春阴"四个大字。明初此景曾被更名为琼岛春云，清初在岛上建了座藏式白塔，所以又俗称白塔山。该碑的背面刻有乾隆观赏琼岛春阴景色时的一首感怀诗："艮岳移来石崔峨，千秋遗迹感怀多。倚岩松翠龙鳞蔚，入牖篁新凤尾娑。乐志讵因逢胜赏，悦心端为得嘉禾。当春最是耕犁急，每较阴晴发浩歌。"

"太液秋风"碑位于中南海万善殿西门外水中的水云榭凉亭内，碑文由乾隆御笔题写。太液池在元代是今日北海和中海的总称，因此地"岸多槐柳，木茂林幽，池中蒲藻纷敷，禽鱼翔泳，望之如仙洲胜地"。所以称太液秋风。明初此景被改名为太液晴波，乾隆十六年（1751 年）立"太液秋风"碑，碑的阴面有御制诗一首:"微见商飔萍未生,镜澜玉蛛影中横。非关细雨频传响,何事平流忽有声?爽入金行阊阖表,波连瑶渚趩台瀛。高秋文宴传佳话,已觉犁然今昔情。"

"玉泉趵突"碑立在静明园玉泉山畔,四个大字由乾隆御题。此景原称玉泉垂虹,乾隆认为垂虹可以比拟飞瀑,而玉泉是从石缝里流出来的,并没有形成瀑布,将玉泉比拟为飞瀑并不准确。玉泉从山根喷跃而出,雪涌涛翻,很像济南的趵突泉,因此乾隆将玉泉垂虹改为玉泉趵突,并御制诗一首刻在碑阴:"玉泉昔日比垂虹,史笔谁真感慨中。不改千秋翻趵突,几曾百丈落云空!廓池延月溶溶白,倒壁飞花淡淡红。笑我亦尝传耳食,未能免俗且雷同。"

"西山晴雪"碑位于香山半山亭北,朝阳洞山道右侧。西山是距北京最近的山地。数百年前天气冷得早,一旦下雪,满山皆白,而且覆盖雪的时间也长。冬雪晴天,阳光把西山和山下的大地照得晶莹闪烁,无论是远观群山还是在山中观雪、山顶远眺,均十分壮美。元代此景叫西山积雪,明初叫西山霁雪,乾隆以元代诗词的晴雪为此景之名。乾隆为西山晴雪赋诗："久曾胜迹纪春明，叠嶂嶙峋信莫京。刚善应时露快雪，便教佳景入新晴。寒村烟动依林袅，古诗清钟隔院鸣。新傍香山构精舍，好收积玉煮三清。"

"蓟门烟树"碑位于北三环中路附近的元代土城遗址上，建碑的东面是西土城路，东面在 20 世纪 60 年代还有许多小树林。此景在元代叫做蓟门飞雨或者蓟门骤雨。现存《蓟门飞雨》为题的诗文所写的都是暴风骤雨的场面，抒发的是一种不平之气。当时有人认为此景悲哀感慨，不足以表明太平盛世，明初此景被改名为蓟门烟树。乾隆沿用了明初蓟门烟树的景名，题诗赞曰："十里轻杨烟霭浮，蓟门指点认荒邱。青帘贯酒于何少？黄土埋人即渐稠。牵客未能留远别，听鹂谁解作清游？梵钟欲醒红尘梦，断续常飘云外楼。"有关蓟门烟树的景点具体地址曾有争论，一是说蓟门烟树指的是辽金故都（唐幽州城）的西北，一是说明清北京城德胜门外的西北。这两个地方说的地点均对。清代时辽金故都西北已是现牛街北口一带的市区，地点虽有但景色已无了。具有艺术鉴赏能力的乾隆，把北京城比做当年幽州城，仍

踏歌寻典

在其西北郊区设碑确景，是符合蓟门烟树景观要求的。笔者 20 世纪 60 年代在北郊清河工作，骑车回家几次特别到元代西土城上观望，但见树林中有许多农舍，薄雾环绕树间确有脱俗超尘、凌空缥缈之感，不愧是一胜景。

"卢沟晓月"碑立于永定河卢沟桥东桥头。乾隆十六年（1751 年）题刻。乾隆题诗："茅店寒鸡咿喔鸣，曙光斜汉欲参横。半钩留照三秋淡，一蛛分波夹镜明。入定衲僧心共印，怀程客子影犹惊。迤来每踏沟西道，触景那忘黯尔清。"历史上，卢沟桥是中原和南方各省来往京城必经之路，客商要进京或赶路均要五更天起程，望着月亮洒下朦胧的光亮，听着永定河的哗哗水响，对赶路的人来说均会产生或喜或忧的感触，由景色而引发许多联想。

"居庸叠翠"碑原在居庸关东南七八里的路旁，现碑已失，见不到原貌。据文献记载，碑文由乾隆御笔题写，上刻乾隆咏居庸叠翠的诗一首："断戍颓垣动接连，当时徒说固防边。洗兵玉垒曾无藉，守德金城信不穿。泉出石鸣常带冷，日含峰暖欲生烟。鸣鞭阿那羊肠道，可较前兹获有田？"居庸关是长城距北京城最近的一个重要关口，位于两山相夹的关沟中部，其北口是八达岭，南口是昌平区的南口镇，由于两侧山势雄奇，翠嶂如屏，森林繁茂，又有居庸关关城等人文景观，因此是一处著名的风景游览区。近代，八达岭长城的旅游业开发得早，登八达岭长城向北望去，可见延庆盆地的浩荡风光和盘亘在崇山峻岭上长城的壮丽景色，使人心情激荡。八达岭的名声超过了居庸关，因为它更使人能领略长城内外的雄伟气势和旖旎风光，成为长城诸多景观中最具有代表性的旅游地。

"金台夕照"碑在朝阳门外苗家地以东教场，2001年12月18日在朝阳区关东店国际化商务社区财富中心施工工地，出土了御制"金台夕照"碑，正面是乾隆御笔"金台夕照"四个大字，背面刻有咏金台夕照诗："九龙妙笔写空濛，疑似荒基西或东。要在好贤传以久，何妨存古托其中？豪词赋鹜谁过客，博辩方孟任小童。遗迹明昌重校检，翠然高望想流风。"从这首诗中可以看出，朝阳门外有个土丘，有人说这是古代帝王礼贤下士用的黄金台的台基，究竟是不是不必管他。确定"金台夕照"这个景点，是为了表明乾隆也是个礼贤下士的帝王。
通过对金台夕照的确立过程，可以知道
乾隆重新题写燕京八景，不是为了考古，
而是为了其统治的政治需要。

踏歌寻典

拱卫京师三大桥

卢沟桥，天下雄，
卢沟桥的狮子数不清；
永通桥，南北通，
永通桥下过往船只数不清；
朝宗桥，祭祖宗，
祭陵的朱门子孙数不清。

卢沟桥位于北京城西南，距广安门15公里，原名广利桥，因架在卢沟河（永定河）上而得名。卢沟桥建在扼控通往中原的要道上，与北控居庸关扼古北口的朝宗桥、镇控通州粮道的永通桥合称为拱卫京师三大桥，战略地位十分重要。该桥建于金大定二十九年（1189年），至明昌三年（1192年）建成，大桥工程宏伟，精巧绝伦，全桥含桥头引道总长266.5米，桥总宽9.3米，净宽7.3米，桥下有11个不等跨的圆弧拱券，是华北地区最长的石拱桥。桥上石栏杆柱头上刻有很多神采各异的石狮，俗话说：卢沟桥的狮子数不清。1983年文物工作者对雕刻石狮进行编号统计，确定一共有485头。卢沟桥在近代史上也很有名，震惊中外的"卢沟桥事件"就是在这里发生的。1937年7月7日，驻华日军谎称有士兵走失，向我驻守卢沟桥的二十九军开炮，英勇的二十九军官兵奋起抵抗，从此拉开了长达8年的全国人民一致对外的抗日战争。卢沟桥的名字随着炮声传遍亚洲和全世界，使这座古老的石桥成为全民抗战的标志物载入史册。1961年卢沟桥被列为全国第一批重点文物保护单位。1986年又在旧宛平城修建了中国人民抗日战争纪念馆，成为爱国主义教育基地。

永通桥位于朝阳区东部，因该桥位于通州县城西八里，所以又俗称八里桥。八里桥设在通惠河上，是明、清两代把从运河上岸的粮食漕运进京的必经之桥，又是清廷前往遵化马兰峪东陵诸陵的必经之桥，所以很受重视。该桥始建于明正统十一年（1446年），桥总长50米，宽16米，桥身曲线优美，呈自然弧线向两端垂落，桥上两侧有雕刻精美的石栏板和望柱，望柱上雕有形态各异的石狮栩栩如生，桥间雕有戗水兽，桥下3个桥洞，中孔最大，高出两侧孔一倍多，以方便行船。清代每年从南方要运四百多万石粮食进京，有十分之一贮存于通

踏歌寻典

州的仓库，十分之九要经过通惠河漕运到京内十三座粮仓，所以有"永通桥下过往船只数不清"之说。1860年9月，英法联军进占天津后又要入侵北京，清军为了抵御入侵的外敌，组织了3万军队与之对垒，由僧格林沁、胜保和瑞麟统率，鏖战三四小时。战斗中清军英勇还击，伤亡过半。后因西路英军向于家卫方向包抄，僧营首先溃退；胜保左颊，左腿中弹落马，只瑞麟一路兵马与法军在八里桥头展开争夺战，虽毙伤侵略军千余人，终究大刀长矛不是洋枪洋炮的对手，终于溃败。清军主力败于八里桥，咸丰皇帝仓皇逃往热河行宫，侵略者火烧圆明园。1900年，义和团将士又在八里桥和八国联军浴血奋战，使这座桥更加威名千古。1984年被列为市级文物保护单位。

朝宗桥位于昌平区沙河镇北的北沙河上，建于明正统十三年（1448年），为7孔连拱石桥，长130米，宽13.3米，中间高7.5米，中孔直径8.2米，两侧有石栏柱53对。朝宗桥南方2.5公里处还有一座安济桥，两桥同时建筑。这两座桥不但是明朝皇帝朱氏子孙去明陵必经之路，又是北巡的重要通道，明代在此设置官吏并派兵驻守。1644 年农民起义军李自成经此桥到卢沟桥，从广宁门（广安门）打进了北京，结束了明王朝的统治。朝宗桥的东南还有一座四方形的行宫——巩华城。这个小城堡每边长 1 公里，四周各有一个门。东西两侧是门洞，东为镇辽门，西为威漠门；南门有瓮城，开三个门洞，名为拱京门；北为展思门，城外有护城濠，城门外有吊桥。巩华城虽小，但它南护京城、北卫帝陵、东可以蔽古北口之冲、西可以据居庸之险，是北京北门的重镇。1900 年，八国联军冲入城内进行洗劫，日伪时期又遭大水冲刷，使巩华城受到极大破坏。

　　附记：还有一种"拱卫京师五大桥"的说法，除卢沟、永通、朝宗、安济四桥外，再加上北京东南的马驹桥（宏仁桥），因该桥已毁，在古代又无城堡驻兵守卫，所以采用了三大桥的说法。

正阳门，连西东

正阳门，
连西东，
左边亡明，
右边亡清。

这是一首具有谶言性质的民谣，讲述者均说此谣流传于明末清初，现在能查到的文字记载是前辈徐凌霄先生所著的《古城返照记》中所讲的"正阳门东边有个崇文门，西边有个宣武门，齐巧明朝是亡于崇祯，清朝是亡于宣统，明朝是文官误国，清朝是武将倒戈，这也应了典。"该书是1928年在上海《时报》逐日连载的，说明这首谶谣是民国初年好事之人根据时局变化编出来的。如果说崇文门的"崇"字，与崇祯皇帝的崇字相合使明朝灭亡；宣武门的"宣"字与宣统皇帝的宣字相同而致清朝灭亡，那么北伐第四集团军开路先锋白崇禧，到了北京后，赶快到故宫内西二长街通向翊坤宫的崇禧门前照个相，难道他不怕遭灾么？与这首民谣同时出现的还有另一首民谣："西华门，东华门，中间立个大清门，何时大清变中华，中国才能出圣人。"使人更觉有牵强附会之感。西华门、东华门、中华门，分别是紫禁城的东西门和皇宫外朝的正门，民国成立后，大清门更名为中华门，实现了东、西、中都以"华"字为名的序列。中华门在20世纪五十年代拆除。

正阳门是明、清时期北京城的正南大门，位于北京的中轴线上，所以俗称"前门"，在旧日又称其为"国门"。明、清的吏、户、礼、兵、刑、工六大部等机关，就设在前门内的东西两侧。正阳门的东面是崇文门、西面是宣武门，合称"前三门"。现在的和平门、建国门、复兴门均是以后在城墙上开的门洞，没有城楼和箭楼。正阳门原来是由箭楼、城楼和瓮城组成，瓮城呈马蹄状把箭楼和城楼连在一起，在东西各开一个门洞，行人若想进入城门先进左或右门洞然后再进城楼下的门洞才能进入内城。箭楼下的门洞平日是不开的，因为该门只有皇帝和皇榜高中的状元、榜眼、探花，摆着执事归第的时候，才可以从中间穿过正阳门。1915年民国政府为了改善前门的交通，解决道路堵塞问题，在当时内务总长朱启钤主持下，聘请欧洲建筑师罗恩凯格尔制订改建前门的设计方案，拆除了瓮城，在原前门东西两侧各开了两个门洞，箭楼成了独立的建筑物。冯玉祥在京时，在前门和宣武门中间开了两个门洞，叫和平门。张作霖进京后说"和平"与"中正"有联系，是影射蒋介石，命令改为兴华门。1928年，蒋介石来到北京，又恢复叫和平门。据完颜佐贤先生讲："传闻当时有人对蒋介石讲，北京前有正阳门、后有中华门，正合'中正'之名，宜在北京建都。但蒋听到'左边亡明，右边亡清'之语，并不认为吉利，于是迁都南京，将北京更名为北平。"想来也是猜测和附会，以增饭后茶余之谈资罢了。日伪时期在长安街之东又开了一城门名叫启明门，向西开一门名叫长安门，1946年后东边更名为建国门，西边叫复兴门。

左边亡明，系指崇文门。崇文门在元大都时称文明门，明朝初年，南面城墙被向南推移了二里，仍开三个城门。明正统年间（1439年）文明门改称崇文门，丽正门改称正阳门，顺承门改称宣武门。崇文门的本意是取"文教宜尊"的意思，明代在崇文门附近曾建有先圣庙和衡文院。但是崇文门又俗称哈德门。据元代熊梦祥著的《析津志》中说："文明门，即哈达门。哈达大王府在门内，因名之。"因为哈达门究竟是俗称，年代一久，又讹传为哈德门、哈大门，更有文人考证为"海岱门"，说是与"东尽渤海泰山"有关，若真如此，哈德门是俗称，海岱门则是雅称了。端木蕻良先生在小说《曹雪芹》中曾这样介绍崇文门："有的前朝逸士，或者当代饱学，书启信笺当中，总是称它为'海岱门'。一些衙役门斗们叫它做'哈德门'。一般住户称它作'哈大门'，只有外路人，才叫它做'崇文门'。"这说明哈德门这三个字非常深入人心。以至于在清代初期有这么一个嘲讽满族人的笑话：一满族佐领不识汉字，刚识几个简单的汉字就卖弄自己有汉学知识。一汉族官员在崇文门前在手上写个"小"字，他认识，又加一个"二"字，他说念"示"；再加个宝盖，他说念"宗"；再加个"山"字，他说念"崇"。然后汉官用手指着崇文门的匾上的"崇"字问念什么？他说念"哈"。引得大家哈哈大笑。这个故事既说明这位满族佐领汉学不实，也说明哈德门这俗称给人印象太深。

右边亡清，系指宣武门的"宣"字与清朝末位皇帝宣统的宣字同一字。宣武门在元代叫顺承门，俗称顺治门。宣武门的名称是指"武烈宣扬"。在明清两代，崇文门走酒车，宣武门走囚车，因为刑场在菜市口。与崇文门称哈德门一样，宣武门的俗称顺治门比它的正名还深入人心。徐凌霄先生在《古城返照记》一书中讲了这么个故事："在清朝顺治年间，有个旗下御史，忽然想尽那补阙拾遗的责任，上了一个折子说，顺治为开国纪元之年号，岂宜用作城门名称，国体攸关，请旨饬令更正。这位皇帝老儿到底比他明白一些，见了这道本章，哈哈大笑，也不批答，也不申斥，立刻叫一个御前侍卫把这位御史带到宣武门外，揪着他的脑袋，叫他往上瞧，问他头一个字念什么？他道是'宣'。第二个字念什么，他道是'武'。又问他：'你说的顺治门在哪里？'他连连磕头说：'只因听见人人嘴里都叫做顺治门，万不料想城头上却另是两个字，实在糊涂该死。'当时这位侍卫就同他开个玩笑，假传圣旨，把他臭骂一场。这御史抱头鼠窜而去，从此再不敢上书言事了。"

附记：清朝进关第一位皇帝叫福临，他不让避讳他的名字，福临二字天下照常使用，免得因他一人而天下无"福"，还是开明之举。崇祯皇帝未避"崇"字，宣统皇帝也未避"宣"字，总比明代隆庆皇帝朱载坖为避其年号"隆"字，而把隆庆州改为延庆州强。康熙皇帝名玄烨，为避

"玄"字把《千字文》的"天地玄黄"改为天地元黄；雍正皇帝名胤禛，把"胤"字用"允"字代替；乾隆皇帝名弘历，弘字用宏字代，造成至今"弘扬"与"宏扬"不分。嘉庆皇帝原名永琰，他认为与其叫大家避我，不如自己避一避，便自己改名颙琰。道光皇帝原名叫绵宁，也学嘉庆皇帝自己改成旻宁，叫大家不必避绵，可是广宁门因与旻宁的"宁"重，而改为广安门。咸丰皇帝叫奕詝，皇帝自己不改名也让全国不要避讳"奕"字，只是"詝"最后一笔减掉。同治皇帝沿用咸丰，第一个"载"字不避，但"载淳"第二个"淳"也要缺一笔。光绪皇帝名载湉，也是用减最后一笔来避讳，所以民间戏说："光绪一生无'口'。宣统皇帝登基后，溥仪二字也以"仪"字最后缺一笔来避讳。所以徐凌霄先生在《古城返照记》中说："溥仪的仪字若只缺了'义'字右边那一点还好看些，偏偏他要缺了一撇作'仪'，又把一切仪注、仪卫、銮仪等等改了别字。所以清亡以后，有人说，顺治不为一人使天下无福，宣统却为一人使国失仪，又是推位让国的一个不祥之兆。"

前门外的八大胡同

八大胡同自古名，
陕西百顺石头城，
韩家潭畔弦歌杂，
王广斜街灯火明。
万佛寺前车辐辏，
二条营外路纵横，
貂裘豪客知多少，
簇簇胭脂坡上行。

八大胡同：北京人不说逛胡同，因为"逛"字与古代嫖客去娼寮狎妓有嫌。北京的妓院元明两代在东城勾栏胡同（今内务部街）一带，明末李自成进京把妓院轰到外城，聚集在大栅栏一带，以陕西巷为骨干形成了一个网状的娼寮区，人们把这个地区的胡同统称为"八大胡同"。久而久之，"八大胡同"成为妓院集中地的俗称了。中华人民共和国建立后，1949年11月20日召开的市二届一次各界人民代表会议，通过了市政府封闭妓院等决议案。11月21日，市政府执行第二届各界人民代表会议决议，在12小时内封闭妓院224家，收容妓女

1288 名，集中妓院老板和领家 424 名，没收了妓院的财产。到 1950 年 4 月，全部妓院老板、领班都被依法处理完毕。其中判死刑 2 人，10 年以上徒刑 19 人，10 年以下徒刑 314 人，教育释放 20 人，处以罚金劳役 4 人，没收房产 989 处。

陕西：陕西巷。属大栅栏地区，南口在珠市口西大街，北口在铁树斜街，是一条与前门大街平行的南北向胡同。现陕西巷把原裤堆胡同和裤角胡同并入。陕西巷明初形成，当时尚未扩建外城，今大栅栏地区属城外，由陕西移民居住，属正南坊。明代官员大多从江南来京，所以取地名时用"巷"，未用"胡同"，但也在八大胡同之内，而且是主要胡同。胡同中间还有两条口袋状的东西向死胡同，称陕西巷头条和陕西巷二条。

百顺：陕西巷中腰路西百顺胡同，再向西接小百顺胡同和大百顺胡同。

石头城：在陕西巷东，与陕西巷平行的南北向胡同。明朝初年，这里存放由房山等地运来修建城墙和皇宫的石料而成地名。石头胡同中间有一条万福巷与陕西巷相通。

韩家潭：位于陕西巷路西中部的一条东西巷胡同，因明末有一位家住门头

踏歌寻典

沟斋堂的韩姓大财主在此寓居而得名。韩姓祖籍山西，明初移民北京。韩家住宅豪华，宅内花园修有大水潭，因此地名叫韩家潭。清代康熙初年，著名戏曲家、作家李渔住在这里，家中设有戏班，经常演出。李渔是多才多艺的艺术家，对自家园林刻意设计，取名"芥子园"。李渔女婿沈心友请画家王概、王蓍、王泉、王质等王氏兄弟摹仿李流芳等名家课徒画稿，合刻成《芥子园画谱》问世，致使韩家潭更加出名，不但因这里有戏班而"弦歌杂"，更因这里曾住过编刻《芥子园画谱》之人而引人注目。以后潭涸而景失，1956 年改称韩家胡同。

王广斜街：即王广福斜街，现称棕树斜街，与石头胡同中部相通，南部经棕树头条、棕树二条与珠市口西大街相连。

万福寺：原称万佛寺湾，现称万福巷，是连接陕西巷和石头胡同的一条东西小胡同。

二条营：陕西巷西，与陕西巷平行的二条南北向小胡同，一条叫大外廊胡同，一条叫小外廊胡同，两条胡同的南口均在韩家胡同。

貂裘豪客知多少：说明来此鬼混的

多系豪绅富贵、公子阔少等纨绔子弟。

胭脂坡：陕西巷西，与陕西巷平行的南北胡同，南口在珠市口西大街，北口在百顺胡同。胭脂坡，今胭脂胡同，清代光绪年间因此地妓院猖獗而出现的明显带有娼寮味道的地名。"胭脂"本是旧时代妇女常用的修饰打扮化妆品之一，用"胭脂"为地名，不是说这里卖胭脂，而是和过去北京的"宋姑娘胡同"、"粉子胡同"、"勾栏胡同"一样都是妓院的代名词。因胭脂胡同南口在珠市口西大街，向北通向八大胡同，成为妓院聚集地的标志。

附记："八大胡同"记载了一段罪恶的历史，也是北京地区带伤疤的一则记忆。笔者 20 世纪 60～70 年代在清河北京绒毯厂工作，接触到了一些已进入工人队伍的旧日受迫害的妇女。有一位被解救出来的妇女，她向我讲了一首"姐姐妹妹站起来"的歌谣：

中山堂，开大会，妇女从此不受罪。
封闭妓院几百家，大家鼓掌呼万岁！
姐姐妹妹站起来，挺身进入工人队，
谁敢歧视咱过去，纯粹狼心又狗肺！

1950 年，从妓院解救出来的妇女由人民政府安排了工作。北京绒毯厂的前身是 1908 年建的清河制呢厂，也接收了一批受难的妇女。笔者与这些女工接触中，发现她们不但能吃苦耐劳，有的还多才多艺，对生活非常满足，对人民政府非常感激。有的与本厂工人结了婚，家庭观念很强，生活和美。在分到清河制呢厂的被解放妇女，直至笔者因工作需要 1978 年调离该厂时，未发现有离婚和家庭不和的。八大胡同在历史上出过许多有名的妓女，如京剧《玉堂春》中的苏三，故事就发生在皮条营胡同的苏家大院。再如近代赛金花，她开办的怡香院在今陕西巷内。又如帮助蔡锷将军逃脱袁世凯之手的小凤仙，也是在陕西巷云吉班中与蔡锷相识、相知的。

东直门，挂着匾 （一）

（东直门—雍和宫）

东直门，挂着匾，
间壁就是俄罗斯馆。
俄罗斯馆，照电影，
间壁就是四眼井。
四眼井，不打钟，
间壁就是雍和宫。

东直门是明清时期内城九门之一，由城门、瓮城、箭楼、谯楼组成。始建于元代，明初改建。元朝时称崇仁门，明洪武时今名。东直门内有一座石雕的药王爷像，是东直门的镇门之宝。东直门旧日叫"商门"，是平民百姓做买卖的地方，很少有大买卖。城楼于 1970 年修地铁时拆除，1971 年在原址建立交桥。东直门是通向顺义、平谷、怀柔、密云一直到长城重要关隘古北口的通道。现在也是北京通向首都机场和北京东北方向的交通枢纽，是北京 13 线城铁终点站，城铁与 2 号地铁交汇处。为了使读者对旧日城门景色有个了解，这里特把瑞典作家奥斯伍尔德、喜仁龙所著《北京的城墙和城门》一书中有关描述抄录于此："运河般的宽阔城河，是这幅风景画的主体；岸坡下有幼童在芦苇中像青蛙一样地玩耍；水面上浮游着群群白鸭，溅着水花，发出嘎嘎的声音回答着主人的呼唤。提着洋铁桶下到岸边打水的人，往往蹲上一会儿，静静地欣赏着这幅田园诗般的景致。南面几步远的对岸有一个小渡口，提供了一条从对岸到火车站的捷径；不时可见一只方形平底船，载着身穿夏装的乘客，在垂拂的柳枝中滑过。"现在，护城河没了，在立交桥西侧树立一"簋"的雕塑，以"簋街"的谐音代替俗称的"鬼街"。东直门内大街以夜市闻名，是北京18条有特色的街区之一，餐饮街以古代吃饭用的簋为标志，也有道理。"簋""鬼"音同字不同，异字扬声。

俄罗斯馆。旧日圣尼古拉教堂，俄国东正教总会所在地，坐落在今东直门北大街路西，即今俄罗斯大使馆位置，俗称"北馆"，是北京最早的东正教堂。清代这里是俄罗斯人聚居的地方，居民来源于雅克萨之战被俘的哥萨克士兵及家属，他们愿归附中园，清廷把他们安置在东直门内北官厅一带的胡家圈（现东直门北小街）。据《八旗通志·卷三·旗分志三》记载："镶黄旗满洲都统第四参领的属第十七佐领，系康熙二十二年，将尼布楚等地方取来俄罗斯三十一人，及顺治五年来归之俄罗斯伍朗各里，康熙七年来归之俄罗斯伊番等，编为半个佐领，即以伍朗各里管理。伍朗各里故，以其子罗多浑管理。罗多浑故，以大学士马齐管理，续以公阿灵阿兼理。"为了满足他们的宗教生活，康熙皇帝特赐一座关帝庙给他们改为东正教堂，并允许他们与中国人通婚。不久，沙俄教区发来证书命名该堂为圣尼古拉教堂。1900年6月，义和团放火将该堂烧毁，杀了一批当地教徒。义和团被镇压后，清廷赔款几万两白银，重建了该教堂，称为"北馆"。当年东交民巷俄国驻华领事馆内教堂称"南馆"。1956年北馆改为苏联大使馆，原教堂建筑被拆除，"北馆"又称俄罗斯馆。

四眼井。北京是个缺少地面泾流水的城市，古代北京居民生活用水主要是井水，所以以井命名的胡同特别多。据统计，过去北京有80多个地名与井有关，明清直接叫井儿胡同的就有十几条，后来随着朝代的更换和井水的干涸而改

踏歌寻典

名了。北京以四眼井为地名的地方约有十五六处，因为重名而大部分更改了地名，如东城北新桥八宝坑、东城建国门东四眼井、西城丰盛四井胡同、西城厂桥恭俭一巷、后英房胡同、花园大院……原来均叫四眼井。现在仍叫四眼井的一处在海淀香山、一处在朝阳东坝、一处在丰台南苑。这首路谣中讲的四眼井，大概是在今炮局胡同，据传该胡同在街心曾有一口水井，上面用两块大石板覆盖，石板上挖刻四个井眼供居民打水。四眼井在街上，是个明显地理标志，人们不用问地名就能看到。炮局是清代制大炮的地方，清末又成了关押仁人志士的监狱，周围又有碉堡，戒备森严。人们在编路谣时不说监狱，而说狱墙外的井，用"不打钟"形容这里的静穆环境，用心良苦。

雍和宫。这首歌谣的前六句是讲从东直门沿着城墙方向先向北，再向西，一直走到雍和宫。雍和宫是北京现存的最大喇嘛庙，在明代这里曾是内宫太监的官房，清康熙三十三年（1694年）建为胤禛的府邸，称贝勒府。胤禛被封为和硕亲王后，改称雍亲王府。康熙五十年八月十三日（1711年9月25日）乾隆皇帝诞生在该府的东书院。胤禛登基后，把府邸的一半改为藏传佛教黄教上院，一半作为皇帝行宫。行宫内有戏楼，因此雍和宫的南面和北面均称戏楼胡同。雍正去世后，灵柩停放在雍和宫内，把宫内的永佑殿等主要殿堂改为黄色琉璃瓦，与皇宫殿宇胡同。后雍和宫成为清朝皇帝供祀祖先的影堂。乾隆九年（1744年）改为喇嘛庙，为清政府管理喇嘛事务的中心。乾隆五十七年（1782年）规定用"金瓶掣签"法选定活佛转世灵童。雍和宫主殿之内置"金奔巴"（瓶），凡内外蒙古活佛转世，都是在此抽签。雍和宫最北端的院落内的万福阁供奉一尊高18米的弥勒佛站像，1990年8月，这尊由一根完整的白檀木雕刻的佛像被载入世界吉尼斯纪录大全。雍和宫每年农历正月二十三至二月初一举行的大愿法会（即"善愿日"）是北京佛教重大活动之一，期间举行的跳布札（俗称"打鬼"）活动更是独具特色，舞蹈粗犷、奔放、庄重、威武，民族风格十分鲜明。

附记："间壁儿"是北京土语，应读成"jièbìr"，系指马路对面或者隔壁的意思。

东直门，挂着匾（二）

（雍和宫—交道口）

雍和宫，有大殿，
间壁儿就是国子监
国子监，一关门，
间壁就是安定门。
安定门，一甩手儿，
隔壁就是交道口。
交道口，跳三跳，
间壁就是土地庙。

国子监街在雍和宫大街东侧，是一条在元代就形成的街道。街内有建于元大德七年（1303 年）的孔庙，是元、明、清三代祭祀孔子的地方，1988 年定为国家级文物保护单位。国子监建于元大德十年（1306 年），是元、明、清三代太学旧址，中国封建时代最高学府，是士子们学习的地方。国子监街内立了四座牌楼，街口东西两座，额枋曰"成贤街"，国子监左右两座，额书"国子监"。孔庙左右有两座写有"官员人等至此下马"的石碑。国子监街多为灰色平房民居，两旁植有槐树，保存着旧京街巷风貌，1984年定为北京市级文物保护街。其周围的胡同，不少与国子监相关，诸如国学胡同，箭厂胡同等。2003年，北京市把国子监古建筑区列为恢复"五区"、重现"六景"，复原古都风貌工程之一。国子监北五道营有一户人家曾贴出对联"西边胤禛紫禁城中当皇帝，东边孔丘来到京城为圣人。"横批是"以邻为荣"，表示居住在此地区的欢愉。旧日，雍和宫大街向北是城墙，建国后打开豁口，直观地坛南门。2002年，在地坛墙外建成"园外园"街心花园，把雍和宫、地坛、国子监连成了一片，成了市民放飞风筝的好地方，是北京城区有代表性的人文风景线之一。

安定门。出了国子监的西口就是安定门内大街。安定门是北京内城北面两个城门之一，建于明洪武初年，有城楼与箭楼，瓮城呈正方形。安定门在明清两朝军队出征时要从此门出发，凯旋后从德胜门回师进城。瓮城内有太上老君庙。1969年北京修建地铁，将安定门城楼拆除，1978年12月在城门旧基上建成立交桥，原城门洞内放了一个大铜鼎，名曰"安定"。安定门在内城九个城门中也叫"生门"，有"丰裕"之意，因皇帝要从此门出去到地坛祈祷丰年。安定门旧日比较偏僻，过往行人不如其他八个城门多，安定门外的粪场比较多，每天粪车从安定门出入。自从 1990 年第十一届亚洲运动会在北京举行后，安定门外成了大发展地区，安定门也成了交通流量大的城门之一，但是与其他城门相比，还是在北京居住的人上下班的流量大，外地来京从此进城的人少，因此安定门内大街的商业很有平民特色，均是日常生活用品。

交道口。这是一条在元代就有的街道，在明代张爵《京师五城坊巷胡同集》中称此地为大都角头。大都应是大都路总管府的简称，在路口西北。明清两代又在元大都路总治旧署处建顺天府署，为正三品衙门，总管京师以及附近州县。清代乾隆京城全图把此地称交道口。有的书上说"交道口"循名求实当指数路交汇之点，有的文章讲"角头"是蒙古语十字路口的意思，因为这个路口是元代崇仁门内大街的延长线与安贞门大街延长线交叉的地方。元代交道口这个地方非常重要，不但紧靠大都路总管府，而且西北还有巡警二院、倒钞阁、中心阁、大天寿万宁寺，东北部有孔庙、国子监，实际是元大都地方行政管理中心所在地。现在以此十字路口为地理标志命名的街道有交道口东大街和交道口南大街。向北的胡同有交道口北头条、二条、三条。交道口街道是北京市平房中文物古迹最为集中的地区之一，交道口南大街西侧，有一条南锣鼓巷，是元大都时的南北通道，现为北京胡同保护区。

土地庙。土地庙在北京城内分布很广，1929 年进行寺庙统计时北平城区有30 多座土地庙。土地庙中所供的土地神比城隍低一等，属于具备多种社会职能的地区守护神。《明史》："里社，每里一百户，立坛一所，祀五土五谷之神。"《北平风俗类征·祠祀及禁忌》中载：吏部、礼部、翰林院、詹事府衙门，皆奉祀昌黎韩文公为土地，然不知其何所据。（《水曹清暇录》）。路谣中所讲的土地庙大概是明代教忠坊土地庙，《北京寺庙历史资料》一书中对其记载如下："坐落内三区交道口南路西五号，建于明，属公建。本庙面积八分，房屋十八间。管理及使用状况为本住持管理，现在警备侦缉队居住。庙内法物有土地泥像一尊，两旁站泥像六尊，财神泥像三尊，火神泥像三尊，马童泥像两尊，泥马两尊等，

踏歌寻典

木观音像三尊，锡五供十件，铜海灯托一件，铁磬一口，磁吼一对，铁鼎一个，木五供二十七件，佛龛一座，供桌六张，另有石碑，松树两棵。"除此座土地庙外，在交道口南大街北兵马司胡同2号，还有一座私人建的土地庙，内供泥关公像一尊、瓷观音像一尊、泥土地像两尊。还有4件乐器：铁磬、铁钟、铜钟、大鼓。这座私家庙直到1947年尚存。这些土地庙旧日与当地一般市民关系密切，举凡生老病死、婚丧嫁娶、求财乞福、去祸消灾、求学求官、生意兴旺、流年大运、家宅平安，无不到这些庙中求神问卜，烧香还愿，以得到心理的安慰。交道口的土地庙因在临街，规模又比较大，地理位置好，名气也比较大。该庙现已无存。

东直门，挂着匾（三）

（交道口—东四牌楼）

**土地庙，求个签，
间壁就是大兴县。
大兴县，写大字，
间壁就是隆福寺。
隆福寺，卖古书，
间壁就是四牌楼。
四牌楼南，四牌楼北，
四牌楼底下喝凉水。**

大兴县。大兴胡同，原称大兴县胡同，1965 年始称此名。位于交道口南大街东侧由北向南的第四个胡同，因明代大兴县署在此地而得名。大兴县始置于金代，是当时大兴府的首县。元朝灭金后，设大都路总管府，撤大兴府。明洪武年间，国都从北京改设南京，大都路总管府改为北平府。永乐元年（1403年）改北平为北京，北平府升为顺天府，下设大兴、宛平两个依郭县，以鼓楼为界，东为大兴，西为宛平。清朝沿袭明朝旧制，大兴县衙仍设在今大兴胡同北侧。民国十七年（1928 年）北京改北平，二十四年（1935年），大兴县政府由北平城内迁驻大红门。县署改为他用，现为东城公安局所在地。据载，大兴县署旧有大门，仪门、大堂、二堂至署内六层。大门之内有监狱、土地祠、县丞和典史署，占地4000平方米。现大部分建筑已拆除盖了楼房。大兴县署对面原有大兴县城隍庙，庙西有万善寺，均已成民居。明清时期，每年有城隍出巡祈雨的活动，辛亥革命后废除。

隆福寺。在交道口南大街向南走，经美术馆后街、东街，就到了隆福寺街。美术馆后街在清代称大佛寺西大街，美术馆东街原称马市大街，1962年在街西建起中国美术馆，周围街道因此建筑为地理标志而更名。隆福寺街，明朝属仁寿坊，因街中有隆福寺而闻名。隆福寺元朝称东崇国寺。明景泰三年（1452年）代宗朱祁钰下诏在东崇国寺址兴建大隆福寺，为朝廷香火院。该寺规模宏伟，门殿共五重，飞檐彩绘，时称京师巨刹。清雍正九年（1731年）重修后，成为藏传佛教喇嘛庙，更加雄浑壮丽，香火旺盛，与西城护国寺并称东西两大寺。该寺的正觉殿为黑琉璃筒瓦绿剪边庑顶殿，面阔五间为减柱造式，尤其是殿内藻井，下垂如伞，雕刻精美。该藻井原存西黄寺内，1988 年移到先农坛古建博物馆陈列。光绪二十七年（1901年）一场大火将寺庙主要建筑烧毁，使寺内中央有一片大空场，但是每逢九、十两日的庙会却更加兴旺。建国后在这里建立了商场，1988 年又在原东四人民市场基础上修建了隆福大厦，后又在隆福大厦前盖了个隆福广场。由于广场建筑类似汉唐风格，而大厦顶上却建了个黄瓦红墙明清式的庙，二者无论是色彩还是建筑风格极不协调，各自的美好设计思想无法在远处形成吸引力，好似不同时代建筑物的堆砌，客流锐减。但是隆福寺街还是有特色的，保留了老北京风貌，是民俗商业旅游文化步行街，游人很多。历史上因隆福寺而成商业街，而现在寺庙成了高楼，街上游人多，进"大厦"和"广场"的人少，可见传统文化的生命力还是比硬把大楼叫"广场"强。

四牌楼。明代在东四的十字街头，每个路口各建一座四柱三楼式、描金、油漆彩画的木结构牌楼，檐下有如意斗拱。1954 年因有碍交通而拆除。牌楼是古代城市的装饰物又是方位标志物。明

踏歌寻典

永乐皇帝改建北京城时，就在东四、西四、东单、西单、东西长安街上建有牌楼。这种布局使北京左右对称，城市景观宏伟，方向好记。隆福寺街的东口外就是东四北大街，街口建了一座二柱三楼一间木牌楼。隆福寺街在历史上是北京内城的文化街，在清末时有三槐堂、聚珍堂、修绠堂、宝文书局、文殿阁、三友堂、带经堂、宝会斋等二十多家古旧书店，到了民国初年，这里因地靠沙滩，距北京大学较近，学生和教师到此淘书，造成了古旧书业的繁荣。1937年"七·七事变"后，北平百业萧条，各大学纷纷南迁，物价暴涨，古旧书业受到极大冲击，纷纷转业和倒闭。目前，在这条街上只有个中国书店古旧书门市部在营业。

四牌楼底下喝凉水。旧日，在隆福寺东廊下北口有一座龙王庙，庙内有一口古井。清末，忽然人们发现，用此水洗脸擦身，比别的井水舒适清爽；又发现，喝此水使人头脑清醒，润肺清心；那年夏季炎热，喝了此水能解暑气。此事一传十，十传百，成了继灯市口二郎神庙出了神犬之后的又一新闻。人们都说龙王"显圣"了，到此烧香、上供、许愿和祈求龙王爷赐圣水的人，满街都是。隆福寺周边的尼姑、和尚、道士趁机大收供品，"圣水"成了稀有物品摆上了街口，四牌楼底下喝凉水成了一道风景。暑期过后，圣水不灵了。由于把井水淘得太苦，井下的杂物也连水一同捞了上来，有心人对这些杂物一分析，"圣水"为何有去暑的作用才真相大白。原来自1908年京师自来水第一座水厂在东直门外投产后，胡同内安设了公用水龙头，人们吃上了自来水，很少到庙里去打水，此井水很少有人使了。东四北大街路西的万合堂药店的堆房靠近这里，把剩下的药渣子往井里倒，天长日久，井里的药渣多了，井水发出了药性。人们偶尔用此水，发现了它的药力作用，于是成了"圣水"。由于对此水开采过量，药力也渐小，"圣水"也不灵了，但是"喝凉水"这个故事却流传开来。

东直门，挂着匾（四）

（东四牌楼—朝阳门）

喝凉水，怕人瞧，
间壁就是康熙桥。
康熙桥，把头抬，
间壁就是钓鱼台。
钓鱼台，没有人，
间壁就是齐化门。
齐化门，修铁道，
南行北走不绕道。

康熙桥。是孚王府西侧小胡同中的一座小便桥，胡同以桥命名，是南北向胡同，其南口在朝阳门内大街，现并入东四头条。据陈宗著编著《燕都丛考》载："西头路北有延福宫，其西曰驴蹄胡同，其东曰康熙桥。"延福宫是在元代太庙上改建的，俗称"三官庙"，供奉天、地、水三神。该庙坐南朝北，大体位置在今朝内大街223号。是市级文物保护单位。朝阳门内大街在元代就已存在，该街上的庙宇均比较古老，庙前街市热闹。清代中期，朝阳门内大街曾是糖市所在地，每到腊月二十三祭灶前，从土地庙到朝阳门的门脸，大街两边布满了卖块糖、糖球、南糖、关东糖、糖饼等货摊，还有卖玻璃球以及各种儿童玩具的。清末民初，这里又成了卖估衣的寺前庙市。清朝，先后在街旁建有怡亲王府、恒亲王府、瀛贝勒府、孚王府。怡亲王府在路北，后改孚王府，第一代怡亲王是康熙十三子允祥，第二代叫弘晓，府邸在朝内大街，其府西的胡同当时叫康熙桥。小说《红楼梦》的最早版本《脂砚斋重评石头记》抄本就出自怡王府。孚王府在朝内大街137号，是道光皇帝第九子孚亲王奕譞的王府，俗称"九爷府"。这个王府目前比较完整，中轴线上主要建筑基本保存，可以反映出《大清会典》所规定的王府形制，是北京市文物保护单位。

钓鱼台。旧日朝阳门里有两处叫钓鱼台的胡同，一条在马路南，由朝内大街通向老君堂胡同的南北胡同叫南钓鱼台；一条在马路北，是朝内大街通向后石道胡同的一条小胡同叫钓鱼台，1965年整顿地名时与北井儿胡同、老君堂合并，统称北竹杆胡同。老君即老子，老君堂当是供奉老子的庙宇。北竹杆胡同一直向东就是北京的东城墙。旧日，老君堂东口面对的城墙上有一处名胜叫做"一步三座庙"。小庙由汉白玉石修成，镶在城墙上，三座庙顶房脊相连下面各成佛阁。每个庙阁高二尺，长一尺五寸。中间神像是天皇伏羲，红发红须红脸膛，身上披着红色的圆树叶，双手合抱太极图；左祀（南侧）地皇神农氏，浅青身面，头盘双髻，身着绿叶树叶。右祀（北侧）人皇轩辕氏，白面黑须，黄袍龙冠。三皇均是坐像，皆范铜而成，高六寸。庙旁石柱上刻"大明永乐三年修"。墙下有二石碣，均刻人身穴道。因为三座加在一起尚不足五尺宽，所以才有此俗称。

齐化门。元代称齐化门，明代正统年间改称朝阳门，民间仍俗称旧名。正统是明英宗朱祁镇刚当皇帝时的年号，当时英宗虽年幼，但由于前二代仁宣之治使朝廷国库充盈，有财力修建京师九门。为了表明未满十岁的皇帝有能力调动军夫万人，于是下令重修九门，并且更改了五个城门的名称。原丽正门改为正阳门，文明门改为崇文门，顺承门改为宣武门，平则门改为阜成门，齐化门改为朝阳门。正阳指帝王，至高无上，不可侵犯。左崇文，右宣武，指国家要文治武安。而朝阳之"朝"，有专指臣见君之意，朝阳则有群臣朝拜皇帝之义，言外之意，即皇帝虽幼，但也不能君臣颠倒，可见其威严寓于其中，至于"阜成"，则源于"六卿分职，各率其属，以倡九牧，阜成兆民"之典，意指朝廷各官以身作则，带动亿万军民均备良好道德，其谆谆教诲又寓其内，旧时朝阳门有"粮门"之称，当年在城门洞北侧墙上镶砌一方刻有谷穗的石头，以作喻示。该石在 1900 年八国联军进北京时被破坏，城门在建国后拆除，以方便交通。朝阳门与阜成门一个是北京向东的城门，一个是向西的城门，遥遥相对，二门之间的道路通称"朝阜路"，是北京城文物古迹集中、风光优美的东西的文化街道，是北京重点保护的"二线"、"五区"、"六景"中与中轴线并称的二线之一。朝阳门外的铁道是环城铁路，1916 年正式运营，各城门均有车站。

　　附记："东直门，挂着匾"是一首流传广、版本多的歌谣，为了把沿途内容充分展示，所以分为四段来注释，但每一段也可独立成章。

踏歌寻典

东单东四银街行（一）

（东单北大街路东向北）

东单东四店铺多，
三坑四庙北极阁，
总布胡同东西走，
外交部街有协和。

东单是东单牌楼的简称，是东城地理标志。明朝建立，原设在今东单十字路口稍北之街心，南北向。该牌楼原为一座四柱三楼式的木牌楼，檐下施如意斗拱，额书"就日"二字，昔日从东长安街东口到米市大街，叫"就日坊北大街"或东单牌楼北大街以及东单北大街都可以。民国年间，袁世凯梦想当皇帝曾将"就日"改为"景星"。1947年后曾把就日坊南面大街统称为崇文门内大街。1965年后又从十字路口向北把米市大街并入，统称东单北大街。"东四、西单、鼓楼、前门"，是对老北京最繁华的四个商业地区的俗谚，现在东单人行过道天桥的横额为"银街"二字，是此地是商业街的注明。

东四是朝阳门内大街与东单北大街

垂直交叉十字路口的简称，因在旧时十字路口四个方向分设四座牌楼而得名。东四牌楼的四座牌楼均为三间四柱木牌坊，东者额书"履仁"，西者额书"行义"，南、北二坊额皆为"大市街"。东单到东四从元明时期就是北京的主要商业街道，1900年八国联军入侵北京后，东单地区受到了很大破坏，拆除了很多房屋。建国后东单的商业有了飞速发展，向北与东四南大街连成一线，都是繁荣的商业区，店铺多而行业全。

　　三坑四庙北极阁：北极阁是与东单北大街平行的一条南北向胡同，北起新开胡同，南至栖凤楼胡同。昔日这一带有象鼻子坑、中坑、后坑，还有不少庙宇，比较有名的是大土地庙、小土地庙、火神庙、娘娘庙，统称"三坑四庙"，这些地名现已改为北极阁头条、二条、三条、四条。东单北大街向北的第一条胡同叫栖凤楼胡同、第二条北极阁三条、第三条叫新开路胡同。北极阁胡同得名于这里原建有一座名叫北极阁的小佛楼，我国古代认为北方属水，以"北极"为阁名可以避免水灾，后来此小阁也被火焚，但地名一直流传到现在。

　　总布胡同东西走：西总布胡同是东

踏歌寻典

单北大街东侧的第四条胡同，与朝阳门南小街西侧的东总布胡同隔街相望。由西总布胡同西口一直向东走，经东总布胡同一直可以走到东面城墙的墙根，目前也是贯穿东单北大街、朝阳门南小街、建国门北大街的主要胡同，因此说"总布胡同东西走"。在西总布胡同西口曾发生过震惊中外的德国公使克林德被击毙的事件。光绪二十六年（1900年）六月二十日，德国公使克林德向清军开枪示威，被神机营章京满族人恩海当场击毙。八国联军侵占北京后，恩海被捕，被侵略者在西总布的西口枪杀。临刑前，恩海大义凛然，痛斥了侵略者，声称"余因杀敌而死，死无所憾。"在侵略者威逼之下，清政府在此地为克林德建立了石牌楼。1918年德国在第一次世界大战后失败，北京人在欢呼声中将克林德牌推倒，后将残石移到中山公园内，更名为"公理战胜"坊，建国后改为"保卫和平"坊。

外交部街有协和：东单北大街西侧向北第五条胡同叫外交部街，因1928年前民国的外交部设在此胡同内而得名。此胡同在明清时期称石大人胡同，这位石大人是明代景泰年间的石亨。明正统十四年（1449 年）夏天，蒙古瓦剌部分四路大举攻明，明英宗在太监王振的怂恿下御驾亲征，在怀来古城西 20 里的土木堡被瓦剌打败，明英宗被俘。兵部侍郎于谦立明英宗之弟朱祁钰为皇帝，向瓦剌进行反击，使瓦剌被迫撤退，并放回了被俘的英宗。景泰八年（1457 年）朱祁钰病重，武清侯石亨拥戴已为太上皇的英宗重登上了皇帝宝座，这就是明代历史上著名的"夺门之变"，石亨所住的胡同因其宅第豪华占地约占胡同路北的 1/4，得名石大人胡同。石亨后来获罪，宅第充公，明神宗年间此宅属寿宁公主所有，其夫冉兴让将该府第取名宜园，为东城八大名园之一。清代宜园为宝源局，在此铸造钱钞，宣统年间改建为迎宾馆。民国元年（1911 年）孙中山北上与袁世凯商谈国事，曾下榻石大人胡同行馆，"七七事变"后，日寇侵占北平，伪临时政府行政委员会及议政委员会设在此处。外交部街东北有一条叫协和的胡同，直通东堂子胡同。此胡同清代称蝎虎胡同，民国时谐音为协和胡同，胡同内均是普通民房，与外交部街的官员住宅形成对比。

　　附记：在清代，东单、崇文门大街

这一带确实没有东四地区繁华，但是，由于东单的东边就是举场——贡院。全国各省的举人都要到北京应试，到贡院开科考试时，这一带的饭馆买卖就兴旺，考试结束后，买卖就一般了。在旧日北京，东单十字路口向东没有大街。日伪统治时期，为了便利城区与东郊工业区的交通，民国二十八年（1939年）在现建国门和复兴门的地方各拆除了一段城墙成为豁口，东边定名"启明"，寓意"旭日启明"之意。西边叫"长安"。民国三十四年（1945年）11月，改启明门为建国门，长安门为复兴门。1958年，展宽建国门内的道路，将东、西观音寺和笔管胡同拆除。1965年，正式命名这条新路为"建国门内大街"。

东单东四银街行（二）

（东单北大街路西向北）

东方广场立街头，
三条王府高墙头，
协和医院有年头，
煤渣胡同有说头。

东方广场是一座集购物、餐饮和游乐于一身的巨大商场，20世纪90年代北京受香港影响把高楼大厦取名叫"商城"、"广场"、"花园"，使得一座立体的商业建筑却用平面的广场来称呼。名叫广场，实际是一个庞然大物建立在东长安街的北边，因为建东方广场，所以东单北大街西侧只存东单三条，而没有二条和一条了。从东方广场地上一层东门进去，向西可以一直走到王府井大街南口，很有现代化气息。

东单北大街西侧原有东单一条、二条。清末拆掉一条，建东方广场又将东单二条全部拆除，所以东单北大街西侧向北的第一条胡同现在就是东单三条。东单三条在清初时建有豫亲王府，豫亲王是清初"开国诸王"，世袭罔替，一般称为"铁帽王"。第一代豫亲王多铎，历十三代一直在此府居住。旧京有句老话："礼王府的房，豫王府的墙。"就是说，礼王府（第一代为代善）的房子多，豫王府的院墙高。传说在乾隆年间，当时的豫王因下棋得罪了皇帝，但他是铁帽子王不好治罪，皇帝只好下令将其府墙加高三尺，以示监禁。辛亥革命后，清朝王公处境急剧变化，再加上连年军阀混战，使得断绝了经济来源的王府无法维持庞大的开支，纷纷落破。1916年，豫王府被美国石油大王洛克菲勒购买，改建为协和医学院及附属医院协和医院。现在看到的是医院的墙，非原豫王府之墙。

协和医院的西门在帅府园胡同，是中西结合式的大屋顶建筑；东门在东单北大街，是20世纪80年代末建的门诊大楼。协和医院是协和医学院的附属医院。协和医学院1906年开学，最早院址在东单新开路胡同西口内。1915年美国洛克菲勒基金会驻华的中华医学基金会接办，并把院址移到帅府园胡同。1921年6月24日协和医学院附属的协和医院正式收治病人，其水平在当时世界属一流。协和医学院培养了大批有名的医师，如妇产科专家林巧稚就是1919年毕业于协和医学院的。协和医学院是我国最早的西医学院、到2006年将达百年历史，因此说它"有年头"。"有年头"在此京话中是非常古老的意思。

煤渣胡同的历史很长，在明代叫煤炸胡同，因这里过去有家铸铁厂，堆积许多煤渣而得名。在近代史上，这个胡同里发生了许多关乎中国历史的大事，别说"煤渣"不起眼，发生事情有说头。第一件事是在第二次鸦片战争后，英法联军火烧圆明园，为了加强紫禁城的保卫，清廷组建神机营，配备新式步枪。1900年神机营章京恩海击毙了德国公使克林德，八国联军进城后捣毁了设在煤渣胡同内的神机营衙署。第二件事是1912年，孙中山派遣蔡元培、宋教仁组成专使团来到北京驻在煤渣胡同，敦促袁世凯离开北京到南京去就任总统，袁世凯为了达到不去南京而在北京就任总统的目的，指使部下发动兵变，闯进专使团的驻地搜人、抢劫、放火……。南京闻讯，只得妥协，同意袁世凯在北京就任总统。第三件事是在煤渣胡同东口有基督教圣经会旧址，墙上嵌有市级文物保护单位的标志。这是一座中西合璧式的楼房，是美国马里州圣经会捐款于1926年建造的，是北京基督教有代表性的建筑之一。实际上更有保留价值的是基督教圣经会北侧的东单北大街3号的基督教青年会旧址，原来是一座红砖砌筑的三层小楼，正面向东，前临东单北大街，门楣上有弧形雨遮，门前有七级台阶，占地360平方米。该楼建于1911年，是由美国人万那美克捐款、美国建筑师设计的仿欧洲古典形式的建筑，又融合了中国的建筑手法，风格独特，被定为市级文物保护单位。1956年前，煤渣胡同东口的大街叫米市大街，后并入东单北大街，但米市大街的名称还保留在公共汽车站的名称中。青年会旧址曾是米市大街的地理标志性的建筑，惜1988年被拆除改建新的大楼，文物保护单位换成了圣经会旧址。

东单东四银街行（三）

（东四南大街自南向北）

金鱼金宝西石槽，
干面甘雨八面槽，
灯市灯草同福道，
豆腐炒面到头条。

这首歌谣讲的是东四南大街的东西两侧街道和胡同的典故。东四，是古代对北京东城中心十字路口的四座牌楼的简称。这四座牌楼均为四柱三楼式木制建筑，檐下施如意斗拱，分站在东、西、南、北四个街口。东四牌楼的南北向的牌楼上书"大市街"，东侧牌楼书"履仁"，西侧牌楼书"行义"，习惯称为东四牌楼，与西城区的西四牌楼相对。东四南大街的南头是东单北大街，路西是金鱼胡同，路东是金宝街；北头路西是东四西大街，路东是朝阳门内大街；向北是东四北大街。

金鱼胡同在东单北大街西侧，明代隶属澄清坊，西口接王府井大街，原胡同东口有清末大学士那桐宅第，俗称那家花园。花园内有一室内戏台，以上演

踏歌寻典

堂会戏而闻名全城。1911 年孙中山北上来北京时，8 月 29 日在此参加宴会，并会见原清代摄政王载沣。后因金鱼胡同拓宽，北面房屋被拆除，成为了一条饭店林立的街道，但仍称金鱼胡同。金宝街在东单北大街东侧，与金鱼胡同相对，是 21 世纪初在旧城改造中新开辟的一条东西向街道，拆掉了原有的红星胡同、遂安伯胡同、西石槽胡同和东西槽胡同而建的一个以商业服务业为主的街区。红星胡同原来叫无量大人胡同，因原来胡同内有一座无量寿庵而得名。遂安伯胡同是明代永乐年间遂安伯陈志宅第，因而得名。著名教育家蔡元培、京剧表演艺术家梅兰芳均曾在此地居住过。

干面胡同在东大街的东侧，向东与禄米仓胡同相接。昔日去禄米仓取禄米的大车小车经此胡同，车马行走，把当时胡同中的黄土路踩踏得如同细面，尘土飞扬，粉尘漫天，因此得"干面"之名。关于干面胡同的得名还有一个民间故事，据传明代天顺年间此胡同内有一家硬面饽饽铺，掌柜的女儿甘莹年方 16 美艳动人，被当时权臣石亨之子石彪看上，欲强娶为妻。小铺掌柜夫妻均已同意，但小女誓死不从，宁嫁石匠，不嫁石将，声言若嫁石家，先撞死在西石槽之下，婚事只得暂停。不久，石亨被明英宗降罪，石彪也被砍头，人们均称此小女有骨气。后此小女真嫁给了雕刻西石槽的石匠，幸福美满一生。甘雨胡同与干面胡同隔东四南大街相对，在大街的西侧，旧称干鱼胡同，清末谐音更名为甘雨胡同。甘雨胡同西口有天主教东堂。此地原名八面槽，是因此地确有一雕刻精致的八面石制马槽，传说为甘莹之夫制做。北京有句俗语"老天爷饿不死手艺人"，就是对传说中的这对男为巧手石匠、女为卖饼姣娘的夫妻的赞颂。

灯市是指灯市口大街，明代属明照坊。明成祖朱棣迁都北京后，每年正月初八至十八日在此街设灯市，称"上元节"。到了清代，四川来京当官的人渐多，有人出资把灯市口东口供奉杨戬的"杨二郎庙"改为能在都江堰兴修水利的"李二郎庙"，认为治水之神可保灯市免除火灾。实际清代的灯市已移到前门以外，此地只留灯市口大街之名了。清代光绪年间，有一只街头饿狗跑到了二郎庙的供桌之上卧伏，引起附近市民轰动，认为是二郎爷显灵，纷纷到此焚香膜拜，昼夜不绝。后来京城总兵文秀亲自持鞭将狗轰走，这种事才平息。后来，拓宽马路将此庙拆除，在附近市民要求之下又在东四南大街路东恢复，此庙现已成商店，但仍有一石制坐犬的残迹立在灯市口的丁字街东侧马路旁，使人想到百年前北京街头这一闹剧。灯草胡同在东四南大街东侧，此胡同名可以想见当年东四牌楼下主要的商业还是与百姓相关的日用品。同福道，系指同福夹道，原称佟府夹道。佟府是清代初期权臣佟国纲、佟国维的住宅，在灯市口大街北侧，现为一六六中学，这个地方在明代是权臣严嵩的住宅。现学校尚保留一块清朝当年佟府的"云水观音汉白玉奇石"供人欣赏。

豆腐，系指大豆腐巷，该胡同位于东四南大街西侧报房胡同北侧，因豆腐与"多福"谐音，所以尽管东四是大市街，但豆腐仍是当年油盐店的主要商品，尤其是冬季的冻豆腐，更受市民欢迎。炒面，是指的东四南大街东侧的前炒面胡同和后炒面胡同。这里讲的炒面不是现在北京街头卖的炒面条，而是炒的面粉，行军或外出时带在口袋里当干粮，食用时要用开水沏才能用。炒面胡同的存在，也使我们对清代市民生活，尤其

踏歌寻典

是驻京八旗兵丁生活有一个感性了解，炒面是旗人生活中的一个重要食品。头条，指东四头条。由东四牌楼向北，马路东侧的胡同从明代开始就按二、三、四条命名，清乾隆时又排出五至十一条，宣统时排出十二条。1956年，将原汪家胡同改为十三条、船板胡同更名十四条。东四十条拓宽后，现为平安大街东段。

　　附记：历史上东四地区能继鼓楼、钟楼后成为北京内城繁华街道有四个原因：（1）运粮进朝阳门的人员要在此吃饭，休息；（2）东四以南的勾栏胡同是官妓院；（3）灯市口地区逐步繁荣对东四地区商业有拉动作用；（4）东四东侧的三官庙（大慈延福寺）和西侧的隆福寺的庙会对东四繁荣影响较大。

踏歌寻典

鼓楼前

东四西单鼓楼前，
坐在北来面朝南，
此街位于中轴线，
文物古迹不一般。

往前走，抽袋烟，
烟袋斜街通海沿。
退回来，往东看，
方砖厂内洪家院。

洪家院内多争吵，
回头再把"帽儿"找，
找到帽，再过桥，
"北京"二字找不着。

后门桥下长流水，
火神庙旁问老道，
老道笑指什刹海，
十刹九庵一座庙。

鼓楼和钟楼合称钟鼓楼，前面的地

安门外大街是与东四、西单和前门并称的旧日北京四大商业区。钟鼓楼是古代北京城南北中轴线的终点，鼓楼高达45.7米，站在楼上可俯瞰北城风光，南面与景山公园万春亭遥遥相对。钟鼓楼是古代统一向全城报时的地方。据老北京人回忆，从前北京钟鼓楼每天要报时三次，早晨寅卯之夜（约5点）叫"亮更"、日中正午（12点）叫"午更"、晚上戌正时（约8点）叫"定更"。每次报更前两楼的更夫分别登上钟鼓楼，用"孔明灯"相互对照"对灯儿"后，然后有节奏地先击鼓后撞钟，按照"紧十八、慢十八、不紧不慢又十八"的原则，各击54下，前后鼓声和钟声两番合起来，总共为108响。全城军民夜闻钟而息，晨闻钟而起。

　　鼓楼和钟楼都是坐北朝南单体楼阁式建筑，钟楼南面立有清乾隆帝御制重建钟楼碑一座，迤西有座金炉娘娘庙，是为传说中的铸钟匠女儿建造的。据说领御命的铸钟匠多次铸不成大钟，到了规定期限再铸不成就要被皇帝杀头，在最后的一个晚上，他的女儿奋身跳入化铜炉中，降低了铜的熔点，使大钟铸成。由于跳炉时被其父抓掉了一只鞋，所以此钟撞起来发出一种奇特的声音，仿佛是："鞋——"，"要鞋——"。1900年八国联军侵占北京，登上鼓楼用刺刀刺破了鼓面。为了揭露侵略者暴行，1911年曾在鼓楼举办展览，并将鼓楼称为"明耻楼"。民国初年在此设京兆通俗教育馆，建国后为东城区文化馆。1957年10月28日，鼓楼和钟楼被分别公布为第一批市级文物保护单位。

中轴线从永定门向北，经前门、天安门、端门、午门、故宫三大殿、内廷后三宫、景山万春亭、地安门，往北就是鼓楼和钟楼。地安门是旧日皇城的北大门，是与天安门相对应的城门，地理位置十分重要，因此鼓楼到地安门前面的这条大街叫地安门外大街。地安门至景山后街这一段叫地安门大街；地安门至平安里叫地安门西大街；地安门至宽街叫地安门东大街。地安门外大街是明清北京城中轴线的基点，早在元代元大都的规划者刘秉忠就是在古积水潭这一串弓形湖泊的最东部（即今天什刹海前海的东岸）选择了一条切线，作为全城中轴线的基准。这条中轴线不但是元大都的中轴位置，也是明清两朝北京城的南北中轴线，所以这条街的历史非常古老，文物古迹既多，内涵也较丰富。

旧日北京人喜欢用铜锅长杆的大烟袋抽烟，清代著名学者《四库全书》总纂官纪晓岚以烟袋不离手闻名，就是在内城也有"十八岁的姑娘叼个大烟袋"这么一道民俗风景线，用烟袋抽烟是满族人从关外带来的习俗。鼓楼前面路西有一条斜向什刹海的街叫烟袋斜街，街内有很多经营烟具的店铺，其中"同台盛"与"双盛泰"以曾为清朝慈禧太后通洗烟袋著名。20世纪50年代初这些店铺还悬挂乌木烟袋做商业幌子，有一家店铺店的烟袋长达1.5米，黑杆金锅红里，非常惹眼。以往这条斜街十分繁华，有小"大栅栏"之称，街内原有龙王庙（已毁）和广福观，向西南走可直达银锭桥，天气晴朗时站在桥上可见西山，有"银锭观山"著名景观。

方砖厂胡同在地安门外大街路东，以为皇宫储存方砖而得地名。过去在方砖厂胡同东口有一处大宅门，是明末大将洪承畴的住宅。1640年明代崇祯皇帝调洪承畴守蓟辽，想扭转清兵威慑北京的危机。1642年，洪率20万大军与清兵决战于松山，全军覆没，洪承畴被俘后降清，受到清太宗皇太极亲自接见，给以丰厚的褒赏。清朝定都北京后，洪承畴对清廷的政权建设、民族政策、京城防卫、统一全国的政治和军事措施，以及清朝统治者的文化选择等重大机宜都提出了独到而有效的见解，大多被清廷采纳并加以推行，成为清初的开国功臣，是清朝统一中国的重要决策人之一。洪宅原有大门十分雄伟，门前原有两只铜狮子，现已不存。现洪宅为东城南锣鼓巷59号，院内房屋大部分已被改造，仅存祠堂三间为清初建筑。

洪承畴在清初帮助清王朝使战乱分裂的中国统一、安定下来，对社会前进起了积极作用。王宏志在其所著《洪承畴传》中曾引民主革命先行者孙中山先生的一首诗说明对洪应肯定。该诗原文是："五族争大节，华夏生光辉，生灵不涂炭，功高谁不知。满回中原日，汉戚存多时，文襄韬略策，安裔换清衣。"可是，为了政治需要，乾隆皇帝说他"大节有亏"，列为"贰臣"，民间称他为"汉奸"，有一出戏叫《洪母骂畴》讲的就是这一观点。洪承畴永远是个争议的人物，因此说他院内"多争吵"。从方砖厂再向南走就是旧迹颇多的帽儿胡同。9号、11号为可园，是清咸丰年间荣沅的私园，13号曾住当过民国总统的北洋军阀冯国璋，35号、37号为末代皇帝溥仪的"皇后"婉容娘家，45号是清代提督衙门，俗称北衙门，民国时作过保安部，20世纪60年代曾从此院挖出大量带有镣铐的人骨而轰动一时。

帽儿胡同西口南边是后门桥，民间故事中传说明代军师刘伯温和姚广孝按八臂哪吒的模样确定了北京城的形状后，刘伯温在现在后门桥这个地方扔下一枚铜钱，确定以此为北京中心，并把"北京"二字刻在桥下。人们都说北京之所以叫北京，"北京"二字写在哪里呢？写在后门桥下！北京有句有名的谚语"火烧潭柘寺，水淹北京城"，说的是潭柘寺三个字铸在为僧人熬粥的大铁锅下，一烧火做饭就"火烧潭柘寺"；"北京"二字刻在后门桥下，当水涨到"北京"二字之上时就会发生水灾。据文献记载，后门桥始建于元代至元二十二年（1292年），原名万宁桥。亦称海子桥，是元代大运河漕运的北端点。明代把皇城北门叫"北安门"，清代改北安门为"地安门"，海子桥也就叫地安桥了。本来地安门是与天安门相对应的皇城大门，可是天安门过去是在保卫森严的皇城禁区，老百姓一般到不了，前门是大家都能去的地方，就把地安门俗称为"后门"，以与前门相应。后门是地安门的俗称，地安桥也就相沿成习叫做"后门桥"了。1984年，后门桥被公布为市级文物保护单位。2002年12月20日后门桥修整工程竣工，北京大学著名历史地理学家侯仁之先生坐着轮椅来参观，并为后门桥西为连接环湖路而新修的小桥题名"金锭桥"。但是，文物单位在整修过程中没有发现石刻的"北京"二字，意外地挖出了元明遗存的6只龙身龙爪面似狮虎的镇水兽。

火德真君庙俗称火神庙，传为唐代贞观六年（632年）所建，明万历三十三年（1605年）重修，殿宇改作琉璃瓦顶，清乾隆二十四年（1759年）重修，将山门及后阁顶上加了黄琉璃瓦，是北京中轴线上的一座重要道教庙宇。庙内原有明万历御题"隆恩"匾额和清乾隆御题"气壮山河"的匾额。该庙共有三进院落，前院是灵官殿，后阁是玉皇阁，最后是斗姥殿，殿后有亭可望什刹海。火德真君庙是市级文物保护单位，建国后长期成为某单位的招待所和家属住房，2002年，市文物局决定将火神庙列入市政府为维护古文物所拨 3.3 亿元文物修缮项目，对其地进行整修，预计 2003 年内完工，条件成熟后将对外开放。

什刹海在地安门外西侧，由前海、后海和西海组成，是北京著名风景区。什刹海得名于后海西岸的一座建于明代万历年间叫做什刹海的庙。这座庙在德胜门内果子市，自古就是个晓市，城乡物资交流的地方。来此趸货的小贩们，把庙名当成地名，把这个晓市所在地称什刹海，到清宣统年间这里还有一条什刹海胡同，现已更名为滨海胡同。什刹海这个地名逐渐被居住在后海北岸的达官贵人和前海东岸的文人雅士授受，由地名又形成了对一水三海的统称，叫什刹三海。什刹海庙是座五行八作到晓市做生意的人集资建的庙，为满足清晨进香需要所以该庙格局是座坐西朝东，庙虽古老，名气不大。经口耳相传，游人和僧人说，什刹海之名来源于三海周边的"十刹九庵一个庙"，而且都说自己就是那惟一的"庙"，而什刹海庙却被人忘记了。实际上什刹三海周边的庙非常多，历史上有 50 多座，建国前有 40 多座，现在有踪迹可寻的也有 20 多座。"什刹海"这三个字来源于《法界观门》中

"十方刹海",与颐和园中之"智慧海"和雍和宫牌楼上的"十地圆通"意思相近,均是说认真拜佛,可以达到"菩萨十地"阶次。

附记:"东四、西单、鼓楼、前(门)"是历史上北京四大商业区。而鼓楼前那些有特色的铺面房和有名的商店,给人印象颇深,称之为"闹市五味神",第一味是茉莉花茶,第二味是大酒缸,第三味是油盐店的小磨香油,第四味是中药店的丸散膏丹,第五味是香蜡铺的桂花梳头油,还有后门桥的炸灌肠。笔者幼时常到钟、鼓楼之间的"民众商场"去听人称"小蜜蜂"的评书艺人说书或者听小戏。

1950年8月,不知为什么一到下午鼓楼脊上的两个兽头就冒出两股青烟,当时正值中国人民志愿军跨过鸭绿江去抗美援朝,一时谣言四起,说是狐仙显圣。每到下午4点,地安门外大街人们都伫足观看这一奇观。笔者当时正上小学,功课不紧时爱到鼓楼文化馆去看书,不到太阳落西、我们都纷纷跑到街上,不敢在楼下看书,恐怕受狐仙伤害。为了破除谣言,人民政府决定不惜代价把事情弄清楚。鼓楼外面用沙篱搭了一个

脚手架。一直通到屋顶。在破除青烟秘
密的那一天，鼓楼四周全聚满了人，笔
者站在后门桥上看这一激动人心场面的。
两名登高能手从脚手架上慢慢登上40多
米高的鼓楼房顶，是徒手上去的。我真
怕他们上去接近"青烟"时会受到狐狸
精的妖法伤害，空气就像凝固了一样，
大家都屏着气，害怕恐怖的事情发生。
两个人到了房脊兽头前看了看，没出什
么事，他们又从房顶下来了。不一会儿，
他们每人持一个纱兜网子又上去了，像
抄蜻蜓似的在兽头上抄了几下，原来如
同青烟徐徐的雾状体没有了。第二天，
报纸上发表了消息，所谓鼓楼冒烟是由
蚊虫集聚成团形成的，尔后在鼓楼下面
展出了从楼顶捉下来的蚊虫实物，说是
叫库蚊，因今年夏天雨水大而生成的。
我当时也很奇怪，好几百年的鼓楼一直
紧靠什刹海，为什么其他年份蚊子爬不
上楼顶，而偏偏这一年成了"烟"呢？
老师回答说，今年天气闷热，空气流动
小，因此蚊子能飞那么高，不被风吹跑。
不管怎么说吧，这是笔者亲历的一件北
京奇事。

踏歌寻典

西城雅，东城富

**西城雅，东城富，
南城穷得叮当响，
北城乱得没法住。**

历史上讲西城雅有三个原因：（1）风光秀丽。前三海（中海、南海、北海）和后三海（前海、后海、西海）均在西城区。（2）文物古迹多。过去北京有一句俗语："西城有塔，东城没塔。"妙应寺白塔，元万松老人塔和琼华岛白塔均在西城。（3）民族和宗教文化齐全，佛教有广济寺、广化寺；道教白云观、火德真君庙；伊斯兰教清真普寿寺、永寿寺；天主教南堂、北堂、西堂和利玛窦墓；基督教有缸瓦市堂和中华圣功会教堂等。佛教、道教、天主教宗教团体的中央办公机构也在西城区。原蒙藏学校在西单石虎胡同。从现实看，西城街道名称有文化积淀、有内涵，如二龙路、丰盛、福绥境等，无一个"门"字，而东城街道名字就显呆板：建国门、朝阳门、东直门、安定门、东华门等，10个街道办事处5个均带门。东城富，也有三个原因：（1）清代粮仓多，总督仓场在城东，户部侍郎满汉各一员负责管理。朝阳门内有禄米仓、南新仓、旧太仓、富新仓、兴平仓；东直门内有海运仓、北新仓等。（2）有钱有势的衙门多，清代的户部、吏部均在东城，人们把天安门东南叫富贵街。辛亥革命后，军阀混战，政局不稳定，"乱哄哄你方唱罢我登场"，夺得实权的民国新贵大部分选择日渐繁华的东城居住。（3）王府井、东四、隆福寺等著名商业区集中在东城。

南城穷得叮当响，泛指外城，主要是天坛、先农坛周边地区以及左安门、右安门内的居民区。说南城穷得叮当响，也有三个原因：（1）小门小院杂院多，大门大院四合院少，居民住宅条件差。有些胡同由于垃圾清扫不及时，造成大街地面比胡同高，胡同地面比院子高，院子地面比屋内高的现象，一到下雨天，雨水向屋内灌，排不出去。遇到暴雨来临，屋顶漏雨，要用盆接水。屋内进水，得用砖泥垒坝拦水进屋，还要用盆把水淘到院中去。这与内城许多四合院正房在台基之上，前出廊后出厦，各房之间有游廊相通的大四合院比，真是天壤之别。（2）坟地、粪场、菜园地多，整齐的街道胡同少，城市公共设施差。永定门应该是北京的南大门，可是历史上北京把前门当后院。把一些辅助设施放到永定门、左安门、右安门内外，如监狱、屠宰场、垃圾场、砖瓦灰石堆放等，再加上城里的河沟不加治理，平日臭气冲天，下雨时又泥汤泛滥，居住条件十分恶劣。人民艺术家老舍先生所写的话剧《龙须沟》是南城人民在旧日生活的真实写照。(3) 劳动人民和城市贫民多，官宦豪绅和富足人家少，是旧日北京弱势群体聚居的地方。不但长久居住的居民穷，就是过往行人也是谋生困难的人。旧日南城有一种专门接待进京谋生和年根避债人的小旅店，名叫"鸡毛店"，又叫"花子店"，院内养鸡，店主既卖鸡蛋，又开旅店，屋内是大连炕，被褥以鸡毛絮之取暖，十分简陋寒酸，不到实在无栖身之处不会到这儿来投宿的。

北城，主要指安定门和德胜门内外。北城乱得没法住，不是说这里脏、乱、差，而是指北城居住的人"下贱"，是死要面子活受罪的城市贫民。"南穷北贱"之说形成于清末民初，为什么说"北贱"呢？有三个原因：(1) 对旗人的歧视。清朝时汉人居住外城，满蒙和汉军八旗护兵居住内城，按五行相生相克之说安排的八旗方位，正黄旗居驻在德胜门内、镶黄旗在安定门内。这二个旗和正白旗统称"上三旗"，在清代政治地位是高的。但是在清末，这三个旗又是破败速度最快的旗，当时有民谣说："钱多气粗房不古，此人必是内务府；谱大气短动钱急，此人必是内八旗。"没有钱还要穷摆谱，当然让人看不起。辛亥革命后，钱粮日益减少到没有，就业又困难，灭亡王朝的军队（旗兵）又受歧视，政治地位低下，沦为弱势群体，被许多人骂为"穷旗人"、"臭旗人"、"人家骑马你旗（骑）人!?"，一时间"旗人"成了一个具有社会贬义的词。北城是"二黄旗"驻地，当然首当其冲。（2）城市贫民集中之地。北城与南城不同，南城虽穷，但大多是有一技之长或有力气的劳苦大众；北城虽在内城，因北京城的北方只有德胜门和安定门二个城门，二个城门间有一段封闭的墙根区，交通不方便。断了钱粮、生活无着的原内城居民离开东西城繁华区，到北城根居住，以变卖家当为生，形成了"贫民区"。北城也有高房大院，但是居民破落，有人为了要脸面，变卖家当时不敢露面，把要卖的东西放到门缝外，隔门与收旧货的"打鼓"之人论价，几乎是得钱则卖。北城居民中有很多清代"名门"之后，但生活艰难。当时有民谣说："穷德胜门，恶果子市，不开眼的西绦胡同。"就是把北城看做失势之人居住区的例证。（3）社会治安不好。北城根又称老城根，许多人以拾破烂为生，又有许多人沦为乞丐，每到夜间，路上行人稀少，北京人说北城"太背"，有钱人家不敢到这里居住。说北城乱得没法住，系指社会治安乱，安全感差。

附记：关于北京城区的风水歌很多，流传最广的是"东富西贵，南穷北贱"。还有"东城老米嘴，西城豆汁腿，南城的茶叶北城的水"。还有对小学、中学教育质量的评价"西城的老师，东城的孩子，海淀的家长，宣武的校长"等等。本书中之所以选择这首歌谣，因为笔者认为它比较典型地概括了旧日北京的社会地理情况。西城雅，而不是西"贵"，讲"西贵"是说西城的王府多，西直门外的皇家园林多，实际上东城的王府也不少。清代由北京东城要到西城去是非常不方便的，因为中间有一个皇城，一般老百姓是不能穿行的。由东四要到西四，没有现在的朝阜路，要走到东四十条，再走铁狮子胡同，过宽街，经地安门，走厂桥（均是沿着皇城根），到太平仓，再向南才到西四牌楼。由于交通封闭，行政上又分属大兴县（东城）和宛平县，军事上又分为左右两翼，所以造成文化上的差异。流行满族中的清音子弟书，东城和西城曲调都不一样。

踏歌寻典

平则门，拉大弓（一）

平则门，拉大弓，
过去就是朝天宫。
朝天宫，写大字，
过去就是白塔寺。
白塔寺，挂红袍，
过去就是马市桥。
马市桥，跳三跳，
过去就是帝王庙。
帝王庙，绕葫芦，
过去就是四牌楼。

平则门：即阜成门，为旧日北京内城九大城门之一，元代称平则门，明代永乐年间改平则门为阜成门，但一直到20世纪30年代北京人仍习惯称其为平则门。阜成门瓮城门洞的左壁上嵌有汉白玉石雕梅花一朵，名"阜成梅花"，因"梅"与"煤"同音，昔日阜成门骆驼多、煤栈多、煤黑子多（旧日对煤矿工人的贬称），所以此石刻为镇门之物。"阜成梅花"，雕刻工艺细腻传神，石质精良，堪称京都一绝。

拉大弓：阜成门内是明代弓匠作坊集中的地方，至今仍有西弓匠胡同、东弓匠胡同。

朝天宫：朝天宫是明代皇家道观，据《帝京景物略》载，朝天宫已于明天启六年（1620 年）六月二十日夜毁于火，但与其有关的地名还存在，有宫门头条、二条、三条、四条、五条和宫门口东岔、西岔。宫门口西三条 21 号是鲁迅先生故居，"鲁迅故居"四字由郭沫若先生题写，1979 年公布为北京市文物保护单位。

朝天宫、写大字：当年宫门口有一个临街茶馆叫"天禄轩"，有一些专门缮写的"抄书匠"以及写对联、匾额为生的"匠人"在此等候用户。

白塔寺：是妙应寺的俗称，因庙内有一座高大雄伟的白色覆钵式佛塔而闻名。该寺是元世祖忽必烈正式定国号为元后，于至元八年（1271 年）敕令在辽代佛舍利塔的遗址上建的，白塔的建设工程是当时元大都城兴建的一部分，由尼泊尔工艺家阿尼哥主持，经 8 年精心修建才完工。旧日，白塔寺是节日著名庙会之 ，北京有"八月八，走白塔"的习俗。

踏歌寻典

白塔寺，挂红袍：过去，凡是到妙应禅林朝塔的佛教徒都要向白塔敬献哈达，哈达大小长短不等，主要是为了表达心意。有的有钱人家许下大愿，有时竟能献上一百尺长的红绫子，请位于今日太平桥大街北口路东羊肉胡同内的棚铺将其挂在塔上，人们从远处望去，好像给白塔挂了"红袍"。

马市桥：今日的赵登禹路和太平桥大街过去是一条大沟，直通南北。阜成门向东到这里，有一座东西向的石拱桥，因附近有马市，所以叫马市桥。清末以桥为界，桥东叫羊市大街，桥西叫阜成门大街。此桥建于元代，明清两代仍在使用，桥面不平，又很窄，只得在桥南架上平板木桥供行人通过，但木板上有很多空洞。所以过此桥要"跳三跳"才过得去。1930年将桥下的濠沟加盖石板，上边修成石子路面，桥被埋在路下。抗日战争胜利后，原来的大明濠修成了马路，以抗日英雄赵登禹命名为赵登禹路。马市桥和太平桥的名字，给人留下了这里曾有一条水道的记忆。

帝王庙：历代帝王庙在阜成门内在街路北，始建于明嘉靖十年（1531年），清雍正七年重修，乾隆二十九年（1764

年）进行大修。内祀上自伏羲、轩辕，下至明清历朝帝王名臣，只有无道被弑及亡国之君则不列入。历代帝王庙以四无闻名："有钟没有鼓，有庙没有佛，有碑没有驮，有桥没有河。"民国以后，正殿中龛供孙中山先生遗像，左侧是炎帝神农氏、黄帝轩辕氏、尧、舜等三皇五帝以及由夏、商、周至明代等各代帝王牌位；右侧三龛列从祀贤臣伊尹、昌望、张良、文天祥、岳飞、于谦等 29 座牌位。该庙 1979 年公布为市级文物保护单位。

绕葫芦：帝王庙大门对面隔街相望有一座长达 32.4 米的大影壁，东西两侧原各建一座四柱三楼式木牌坊（1954 年拆除），正楼嵌额曰"景德街"。因帝王庙在封建时代是供奉历代帝王神位的地方，所以门前立有石碑"官员人等至此下马"，而一般平民百姓是不能从两座木牌楼中的景德街上通过，只能从影壁后面东、西两座"葫芦"形的门洞穿过，所以叫"绕葫芦"。

四牌楼：旧时在西城这个主要的十字路口立有四座牌楼，简称"西四"。东边路口牌楼上书"行仁"二字，西边路口的牌楼上书"履义"二字，合起来即是"履行仁义"。南边和北边的牌楼上各书"大市街"三字。20世纪50年代为了拓展马路，四座牌楼全被拆除，现只留"西四"这个地名。

附记：这首路谣比较长，前半段是从平则门说到西四牌楼，后半段有两种说法，一个是从西四牌楼到皇城根，向北转到厂桥，然后再向东到地安门；另一个说法是从西四牌楼向北到护国寺，向北到新街口，一直到老墙根。为了尊重"地理图"的原貌，把两种说法按"平则门，拉大弓（二）"和"西四牌楼向北走"分别列出。阜成门到西四牌楼是北京文脉"朝阜路"的重要组成部分，在这段街道上的广济寺，是中国佛教协会所在地，内有乾隆十二年（1747年）御制广济寺铁树歌碑，而且寺庙格局完整，因抗日战争时期有宗月大师住此庙内，在京名声较大。阜成门内大街97号四合院是西城区文物保护单位，以房顶由石板相叠闻名。

平则门，拉大弓（二）

四牌楼，卖花枝儿，
过去就是黄城根儿。
黄城根，三堆土，
过去就是宗人府。
宗人府，往北淌。
过去就是河运仓。
河运仓，往东调，
过去就是西厂桥。
西厂桥，站一站，
眼前就是宛平县。
宛平县，往东走，
前面就是西街口。
前海西街风光好，
大小王府真不少。
王府紧靠什刹海，
映日荷花随风摆。
荷花香到地安门，
杏花天里养精神。

　　黄城根儿：西皇城根儿，紫禁城外
还有一圈皇城，城墙是红墙黄瓦。皇城

有四个城门，南面是天安门，东面叫东安门，西面叫西安门，北面叫地安门。明朝改建元大都皇城时，将东、南、北三面均向外扩了，只有西面皇城位置没动，因此西皇城根是元代遗址。辛亥革命后，西皇城被拆，形成了西黄城根北街。"皇城"谐音为"黄城"。西黄城根北街是南北向街，南起西安门街，北至地安门西大街。此歌谣中讲的黄城根，是皇城西侧的夹道，尚未形成今日之街。

三堆土：旧北京小胡同的垃圾清扫不及时，炉灰渣随街倒，使马路越垫越高，有的地方大街比胡同高，胡同比院里高，院里地面又比屋里高，一旦下雨，排水不畅，一些小门小户的宅院就被水淹着。黄城根在历史上属偏僻地方，垃圾堆成了三大堆，长久没人清理，以至进入了歌谣。这里讲的三堆土，实际是由垃圾堆成的三个土堆。宗人府是管理皇帝家族事务的机关。

河运仓：明代储存从运河抵京物品的仓库名称。明代正德五年（1510年）在皇城外西北角建太平仓，地点在今太平仓胡同。清代在太平仓胡同内建庄亲王府。1900年，第九代庄亲王载勋在八国联军进京后随慈禧太后西逃，其府被

踏歌寻典

侵略军火烧，殉难者仅聚集王府内的义和团群众即达 1700 多人。民国后，这里建起了一批中西合璧式的建筑，有一中西合璧式门的女儿墙上镌有"平安里"三字，以后此地区称平安里，现贯穿北京北部的东西大道则统称平安大街。

西厂桥：即今德胜门内大街东侧厂桥胡同。元代西皇城根下有一条护城河由西南向北流到皇城西北角，然后再向东流入北海。德胜门大街西侧有西枪厂和东枪厂胡同，这是明代司设监外厂所在地。这些厂为了进出街巷方便，所以在皇城护城河上架了一座桥，名曰厂桥。清代皇城西护城河已填平，桥也没有了，但厂桥的名字留了下来，并成为这一地区街道办事处的名字。

宛平县：其县衙在地安门西大街。明清时期北京城的内城以中轴线为界，其东部属大兴县管辖，西部属宛平县管辖，其范围相当于今日西城区和宣武区、海淀区、丰台区、石景山区、门头沟区、昌平区一部分地区。民国初年，宛平县仍是京都顺天府辖下首县之一。1928 年首都迁至南京，6 月 28 日将北京改为北平，原北京附近各县划属河北省。同年底，宛平县署由城内地安门迁到卢沟桥旁拱极城内，将该城号称为宛平城。

前海西街 16 号原是清代权相和珅的一座花园。现为郭沫若故居。柳阴街 27 号是醇贤亲王奕譞的第七子载涛承袭贝勒爵位后的府邸，现为 13 中宿舍。前海西街还有恭王府及花园，风景幽深，被人附会为《红楼梦》中的荣国府和大观园。恭王府花园实际是清同治年间才修建的，可能受《红楼梦》小说对大观园造园艺术描述的影响，其名叫萃锦园，造园艺术高超，很有大观园的神韵，是目前保存比较完整的王府花园最典型的一个，已对外开放。

什刹海：原是寺庙名，后延伸为什刹三海的水域名称，什刹海其名取自《法界观门》云："不坏一尘而能容十方刹海。"谓国土世界宽广如海，即"世界海"的别称。杏花天，是地安门外大街路东的一条小胡同，因此胡同很小，又是条只有西口而无东口的死胡同，不被人注意。但是，由于此胡同的名字有诗意，与百花深处（也属西城厂桥地区，位于新街口南大街）、芳草地（位于朝阳区东大桥路口以南）一起，被列为京城三处名称最美的胡同。杏花天得名于胡同口有座酒坊，制酒最有名的地方常说是杏花村，因此胡同借酒而得名杏花天，在此喝醉了很难让人找到，可以安心地养精蓄锐了。

　　附记：大兴、宛平两县以京城中轴线为界，这是明永乐年间的规定，仅限于内城。嘉靖修筑外城之后，称为南城，划分为八坊。大兴因为是全国"首县"，所以辖五坊，越过了中轴线前门大街，其管辖范围一直到今南新华街。宛平只辖宣北坊、宣南坊、白纸坊。大兴县和宛平县在外城便以南新华街（明朝是条河沟）及迤南抵外城南墙划界，而不是中轴线界，这是应注意的。今日大兴区政府所在地黄村，在清代就属大兴县管辖。

踏歌寻典

西四牌楼向北走

四牌楼东，
四牌楼西，
四牌楼底下卖估衣。
问问估衣多少钱，
桃花裙子二两一。
打个火，抽袋烟，
过去就是毛家湾；
毛家湾，扎根刺，
过去就是护国寺。
护国寺，卖大斗，
过去就是新街口。
新街口，卖大糖，
过去就是蒋养房。
蒋养房，安烟袋，
过去就是王奶奶。
王奶奶啃西瓜皮，
过去就是火药局。
火药局，卖细针，
过去就是老墙根。
老墙根儿两头多，

过去就是穷人窝。

四牌楼东：西四东大街，路北有天福大院和西安大院，把胡同称为大院是北京胡同的一个特点，大多因胡同中有一片开阔地而得名，随着时间演变这些"大院"均已见缝插针盖了房子而成了小胡同。西四东大街东口是丁字路，历史上这里是西皇城的墙，墙内有天主教北堂。该堂正门在西什库大街33号，大堂为哥特式建筑，内有主教公署。旧日四牌楼四周有很多摊贩，以出售旧服装闻名全市。

四牌楼西：阜成门大街25号是广济寺，原为金代西刘村寺，明天顺年间重建，成化二年（1466年）赐名"弘慈广济寺"。坐北朝南，中轴线上依次为山门、钟鼓楼、天王殿、大雄殿、圆通殿、舍利阁。现保持原建格局，为中国佛协所在地。抗日战争时期曾有一位爱国和尚宗月大师在此坐化，为他送葬的居民队伍长达十里，唱出了一曲惊天恸地的哀歌，冲破了沦陷时期北京城的沉闷空气。

毛家湾：由西四牌楼路东向北走，经大红罗厂胡同再向北有一条胡同叫中毛家湾，胡同进去后向北叫后毛家湾，向南叫前毛家湾。毛家湾胡同得名于明成化丁未（1487 年）科进士毛纪，字维字，山东掖县人，因其居家廉静简重，名声较好，曾居住于前毛家湾。前毛家湾一号 1951 年至 1971 年摔死在温都尔汗的林彪曾寓此，留下许多传闻。

护国寺：从西四向北到地安门西大街这一段路叫西四北大街。这个十字路口习惯叫平安里，向东叫地安门西大街，向西叫平安里西大街，向北叫新街口南大街。过了平安里向北就是护国寺街，护国寺创建于元代，寺坐北朝南，规模宏大，是京都大庙，又称西寺，与东寺隆福寺相呼应。护国寺大街口向北，有一条不起眼的小杨家胡同，该胡同 8 号为著名作家老舍先生出生地。

新街口：明代沈榜《宛署杂记》作新开道街，南边叫新街口南大街，北边叫新街口北大街，中间有一家西安饭店，因中华人民共和国初期毛泽东主席曾莅此而闻名。

蒋养房：现称新街口东街，明代二十四衙门之一的浣衣局在此街内，因此称之浆糨房，后谐音为蒋养房，是一条连接新街口北大街和德胜门内大街的东西向斜街。旧时洗衣，不仅要洗，而且要浆，在浆水里过一遍，使之挺括平整。浆的原料是一种淀粉，用水稀释后类似糨，故明代称其浆糨房，清末又称蒋养房，1965年定今名。明天启七年（1627年）八月，朱由校（熹宗）死于乾清宫，信王朱由俭继位（崇祯）。十一月，崇祯皇帝下旨把曾搞得国无宁日的熹宗乳母客氏笞死于浆糨房，是明末一重大宫廷事件。

王奶奶：蒋养房的北部元代全是水域，与现在的积水潭（在积水潭医院内）和西海相近，明朝改建元大都把北面城墙向南移了五里，使这里的水道阻塞，湖泊填为陆地，成为了居民区，所以在明代此地为"新开"区，现在为新街口北大街。旧时，这里属北城，是城市贫民聚居之地，所以出现"王奶奶"之地名和"啃西瓜皮"之语。

火药局：火药局在北京有二处，一处在东城景山，一处在西城新街口，因两处地名重复，所以新街口的火药局已改名为铁狮子胡同。明代京师火药厂多次发生爆炸，明廷把制炸药工厂更名安民厂。崇祯十一年（1638年）六月二日，安民厂又发生火灾，把贴厂太监王甫、局官张之秀也炸死了。此事影响深远，所以火药局虽不在新街口北大街上，地名谣也把它写进去了，因为火药局也贴近此墙根。

老墙根：即明代北部城墙。旧时，新街口北大街最北头是城墙，街两边的胡同有很多死胡同，称之为半截，是穷人集中的地方。北京过去有首谣谚："东富西贵，南穷北贱。"意即东城富户商家多，西城王府官寓多，南城（外城）平民百姓多，北城下层市民多。20世纪50年代在新街口北大街北面城墙上开了个路口，打通了出城的道路。新街口北大街有徐悲鸿纪念馆（契园旧址），历史上还有德贝子府（现为科学电影制片厂）和蒙古棍贝子府（现为新街口东大街内的积水潭医院）。

附记：此段歌谣中讲的"王奶奶"，从现有文献中未找到根据，笔者不敢臆断，所以在注解中没有说明。但是，民间口耳相传讲北城的歌谣时都涉及王奶奶，可见影响之大。这里，只能讲一个推测供读者参考：王三奶奶是在京津平民中影响很大的一位民间俗神，其神像供奉在门头沟妙峰山碧霞元君正殿的西配殿中，其形象是青布衫裤，鹊巢发髻，一副慈善睿智的面容，手持长杆烟袋，右手下是一头黑色毛驴和一位面带喜容的侍童。每年四月，京城内外均要以"会"的形式到妙峰山去进香。新街口一带有万里云程踏车圣会（地安门外护国寺街路北）、松棚秉义诚献粥茶圣会（护国寺西口柳泉居）、公议重整拜蓆志会（护国寺西口外）等。但北墙根这一带穷人多，无钱组会上山，只能参加德胜门外的"心缘同善巧炉圣会"或"公议呈献巧炉圣会"，届时根据会启"四月初四日起程，由德胜门外头道行宫起，初五日中道登山。初六日进京"。临时到那里报到，然后结伴上山。如果连这点钱也拿不起，只得等别人到山上朝了顶"戴福回家"后分享仙气了。王三奶奶是救苦救难的人间菩萨，不能亲身到妙峰山上香，自己在胡同内设个牌位或摆个画像建个小庙也是可以的，因为"妙峰山的神仙照远不照近"，可以"分顶"，在比较贫困的地方为王三奶奶设个庙是可能的。昔日，北京这类庙多得很，在树洞中都可设个佛龛，称做庙，在北墙根为什么不能呢？笔者认为歌谣中讲的"王奶奶"是民间俗神的小庙，因是推测，只能附记于此作参考。

阜成门外苦改田

（海淀区田村）

阜成门外苦改田，
骆驼山下暂厝安，
三街六市虎皮寨，
庙宇成林树连天。

田村位于海淀区南部，属八里庄街道办事处管辖。此处元代就已成村，不但是门头沟至阜成门古道上重要的村落，也是往大都运煤歇脚的路站。明代，这里是宫人的葬地，每到治丧期间，哭主在此嚎哭，声震四周，因此路人称此地为"苦村"，村内人忌讳此名，自称为"甜村"，后谐音为田村。关于田村名称来源，当地有二个传说，一种说法是原来这里是茫茫苦海，刘伯温降服幽州孽龙后苦海变良田，因之更名田村；另一种说法是清代乾隆皇帝来此村时，见到该村有七十二眼井，认为风水极好要品尝井水，结果是"苦村苦水苦收成"，于是下旨改苦村为甜村。实际上田村之名早在明代万历年间就存在了。飞扬跋扈一时祸国殃民的熹宗朱由校的乳母，世称"客魏"的客氏坟地就在田村。

清初沿袭明代村名，并在田村设立暂安处。田村是清廷去河北易县西陵的必经之地，在清代起三个作用：（1）皇帝去西陵祭奠时的中途休息之地。（2）先行皇帝去世的皇后、嫔妃的停灵之地。清雍正帝的皇后那拉氏即停灵于田村，在雍正未死葬之前在北京受四时祭奠，光绪皇帝的珍妃也曾在此停灵。（3）皇帝去世后大行皇帝梓宫去西陵途中，在此奉安，停灵祭奠。由于上述原因，田村在京西有小皇陵的称谓。清廷也在此设刘家、卢家、陈家、袁家、郭家等陵户，专门看守停灵和管理停灵事宜。骆驼山，即今天的田村山，因其形状像骆驼而得名，山的东南是金沟河。旧日，骆驼山的西面有一绵延数公里的沙带，宽数丈，深可过人，完全是纯净细白沙，绵延数公里，交于骆驼山下、宽如一条黄色沙龙。传说乾隆经过这里，见有帝王之气蒸蒸日上，为了破此风水，所以在此设立了西陵暂安处。

清乾隆年间田村是个号称"三街六市七十二眼井"的大村。村的四周围以花岗岩石垒成寨墙，花岗岩在京西叫"虎皮石"，用不规则的石头垒起石墙，再用青灰勾抹石头之间的缝隙，既结实又好看，是京西一大景观。田村的石寨墙每面长一公里，东西各设一个寨门。2003年4月9日李廷富在《北京青年报》的"腐乳厂原是清朝皇陵"一文中说"当年的皇陵暂安处占地面积数百亩，南起今阜石路，北至田村医疗站。东界囊括王致和腐乳厂，西界含育强中学校园。四周陵墙高过丈余。院内苍松翠柏，古木参天。大宫门坐北朝南，面山而建，红墙黄瓦，金碧辉煌。宫门外一字大影壁遮挡住骆驼山。宫门里分内院外院，外院俗称大营子，有东西朝房，停灵时供官员、侍卫、差役人暂住，内院正殿为停灵之所；东西配殿又称东所，是皇亲国戚陪灵休息的地方。"

田村是皇陵暂安之地，每当清廷有"皇扛"在此安厝，随扛均要念四啭经：和尚、尼僧、喇嘛、道士。所以田村的庙宇也特别多，有建于明成化年间的关帝庙、清道光二年的马王庙、光绪十年的五道庙等。现在这些庙都已毁圮，但遗存之古树仍可看到当年宗教活动繁盛之景象。旧日皇陵暂安处大门影壁外至骆驼山的山脚下是片开阔地，沿山脚呈一个半环状山凹，遍栽柳树，每到夏天柳树成林，绿荫遮日，蝉声相鸣，连成一片，别有一番景观。每年农历四月初一到十五妙峰山碧霞元君庙开庙时期，这里是城内朝顶香客出模式口，经三家店南道必经之路。花会在此要给各庙上香，要给粥棚表演，要在柳林休息，是京西一大盛事。田村在历史上，是京西声名远播的村庄，今天也是阜石路上的重要居民区。

　　附记：客氏是明熹宗的乳母，朱由校即位后被封为"奉圣夫人"。此后，她与太监魏忠贤相济作恶，残害忠良，迫害皇后，造成朝政混乱，内忧外患不断。北京当时流传一首歌谣："委鬼当朝立，茄花遍地红"。"委鬼"指魏忠贤，"茄花"指客（音且）氏。熹宗卒，思宗即位后，客氏被处死，葬在田村。

出了平则门

出了平则门往西观，
杨庄斜对北辛安；
北辛安有个万成店，
大闹浑河石景山。
石景山的庙门高，
狮子栏杆卢沟桥；
卢沟桥头有个回龙庙，
回龙村的铁牛面北瞧。

杨庄，北辛安。这首路谣采录者是杨建章，讲述者是于贵斌。流传地点是石景山区，所以该谣一下子就由平则门说到了杨庄。杨庄在石景山阜石路南，有东西向的杨庄路和南北向的杨庄东路。北辛安在杨庄西北侧，东邻首钢特钢公司，西至北辛安路，南起古城西路，北抵京门铁路。北辛安的地名早在金朝前就有了。据王建国主编《石景山》一书中说："《光绪顺天府志》另一处记载：'（蓟）县西四十里，山底村，亦曰旁村，北辛安，已上村在永定河东，旧有宁台、元英、历室宫近此。'说明千古传颂的《乐毅报燕惠王书》中提到的'宁台'、

'元英'、'历室'三座宫室，都位于今天的石景山区。"乐毅是号称战国"北方第一人"的军事家，与管仲合称"管乐之才"，他率燕、赵、楚、韩、魏五国之兵打败了齐国，占领了齐国国都临淄，把当年被齐国掠走的燕国鼎器、珍宝悉数收回，运回燕国。"齐国大吕钟被放置在元英殿上，燕国原来的宝鼎又返回了历室宫，齐国的宝器陈设在宁台之上"（王守谦等《战国策全译》燕策二，译文）。如果今后考古发掘能证实史志的记载，石景山区北辛安在北京建城史上将大放光彩。

大闹浑河石景山。浑河是永定河的别名，因为其水如同黄浆，汹涌奔腾，在历史上给两岸人民带来巨大灾害，也使北京城经常受到永定河洪水的威胁。北京城建立在永定河的冲积扇上，从这一点上来说，永定河是北京城的母亲河；北京又是一座缺水的城市，但在古代没有能成功地变永定河的水害为水利。历代王朝都为它伤透了脑筋，付出过高昂的代价，有过惨痛的教训。据《（康熙）通州志》载："明天启六年（1626年）闰六月，久雨，卢沟河水发，从京西入御河，穿城经五闸至通州，民多溺死。"

踏歌寻典

据彭孙贻《客舍偶闻》记载：康熙七年（1668年），"浑河水决，直入正阳、崇文、宣武、齐化诸门，午门浸崩一角"。历史上永定河决口在卢沟桥以上左岸大多在故金口（即今麻峪村南石电护堤头）、庞村（岸边原有镇河铁牛）、衙门口等三处，这三处均属今石景山区。近代1924年、1929年、1939年永定河发过3次大水，尤其是1939年7月下旬的大水，由于永定河暴涨，铁路均被淹没。市内水深没膝，到处可见房倒屋塌现象。阜成门、西便门、广安门城门紧闭防水。1953年建成了官厅水库，当年上游就来了3400立方米每秒的洪水，拦蓄了77%。1957年3月门头沟区三家店水利枢纽工程竣工，4月24日永定河引水渠竣工通水，不但保护了下游堤防的安全，还实现了引用永定河水向北京城供水的要求。从此浑河不再大闹石景山了。

石景山。位于石景山区中部，山形似驼，俗称"骆驼山"，又叫"石经山"，古称"燕都第一仙山"。石景山上自晋唐以来，多次修建庙宇宫观，最早的金阁寺有1600多年历史，现存的碧霞元君殿是明正统年间（1506—1521年）建的。昔日，每年四月十五前后，去妙峰山进香的人们路过这里都要上山到此朝拜，各种娱佛的花会在此演出，热闹非凡。康熙皇帝也多次来此，远眺浑河留下诗句："石景遥连汉，浑河似带流。沧波日滚滚，浩淼接皇州。"下了石景山沿永定河向南是庞村，该村现已在首钢总公司厂区内，西面有清代雍正十年（1732 年）立的《北惠济庙雍正御制碑》，碑文叙述永定河的发源、水情、治水等情况；碑阴为乾隆皇帝颂扬治河功绩而作的五言律诗，因此称为父子治河碑。沿河再向东南走是养马场，古称杨木场，是永定河上的古渡口之一，上游砍伐的木材经河漂到这里，由宫廷御膳房所派柴工捞上岸，晒干后运至城内。再向东南走是衙门口，清代曾在这里设衙署。清《光绪顺天府志》说："衙门口村，旧有碣石宫近此。"碣石宫是燕国所建，现无遗迹可寻，但此村古称安祖寨，曾有十余座庙，可谓街街有庙，是京西一绝。

回龙庙。由于永定河水急沙多，经常泛滥，人们认为这是孽龙作怪，无可奈何。想把永定河水害变水利的事情早在公元 250 年曹魏征北将军刘靖开凿车箱渠时就开始了，一直未得成功，根本解决水患。人力未能胜天时，只好祈求神灵保佑，就在永定河沿岸建了许多龙

踏歌寻典

王庙。龙王庙也称河神庙，永定河流入北京后比较有名的沿河而建的有斋堂乡龙王观音禅林、军响乡南海火龙庙、三家店龙王庙、石景山惠济庙、丰台南惠济庙和大兴安福庄乡赵村永定河河神祠。回龙庙和镇水铁牛是两个优美的民间故事。回龙庙的故事来源于"卢沟桥的桥墩上为什么都安一把宝剑"（《中国民间故事集成（北京卷）》第 361 页），说的是鲁班爷显圣在卢沟桥的桥墩上安了斩龙剑，造孽的青龙发水到这里被刺伤，调头往回跑，洪水被止住，所以在离卢沟桥北边盖了座回龙庙，希望洪水到此而停，每年四月二十六要给龙王上供。镇水铁牛是说一次洪水到来之际，一头高大神牛迎着洪峰昂首怒吼，洪水吓得掉头而回。人们为了纪念这件事，在惠济祠前铸造了铁牛一尊以镇洪水。至今永定河畔的百姓还传说："永定河水面如果在牛脚下，就无水患；如果水面将要淹没 18 蹬，站立的铁牛就会嚎起来，那么北京城就危在旦夕了"。由此可见，当初人们是把该铁牛作为水位高低的标志，可惜，1958 年大炼钢铁时铁牛化成了铁水，已不复存在了。

安德路，向东走

安德路，向东走，
礼拜寺街把路口。
小市头条到九条，
六铺炕上喝杯酒。
地兴居，分西东，
西营房旁会上龙。
安定门内向东走，
起码能活九十九。

安德路，向东走：安德路是在北京原内城的北城墙外，是一条连贯德胜门关厢和安定门关厢的东西大道。这条道1965年才定名，但是历史非常长，是七百年前元大都北城的一条东西大道，明代修北京城时将其留在内城以外，由于它的北面在元代有与之平行一条名叫清渠的河沟，自海子（积水潭）一直向东经坝仓到光熙门南穿城墙到护城河，所以建国初期现在的安德路还是一条大旱沟。1953年将沟填平，修沥青路，两侧逐渐修各种建筑，如北京第七中学、煤炭设计院、电力设计院、六铺炕商场等。这条大道取名为"路"，说明其历史是辛亥革命之后形成，虽然非"街"，非"胡同"，但民俗历史悠久，值得品味。

礼拜寺街把路口：老北京习惯把南北方向的通道称为"街"、"巷"；东西方向的通道称为"胡同"或"条"；居民聚居点在近代又出现"区"、"里"的称谓。安德路南北两侧的地名是把上述六种对北京城区街道称谓包括全了的地方，叠加了几百年人们对城区通道的理解，可以说是北京地名的博物馆。礼拜寺街虽然不宽，但为南北方向，所以称街。该寺名为清真法源寺，现为德外清真寺，清康熙初年重修。德外是著名的回族同胞聚居区，旧时德胜门外大街有许多招待来京赶羊进京商人的大车店，是由内蒙古向北京供应羊只的重要通道。

小市头条到九条：小市应为"晓市"，拂晓开市，日出而收。旧时，德胜门外的晓市十分有名，每天城门一开，城内各色人等均到此逛市。晓市以卖旧货为主，既有各种估衣，也有古玩玉器，旧书旧画，热闹非常。有眼力者可以在此淘到值钱的真货，不懂行的就难免上当受骗，"漫天要价，就地还钱"，是这里商业气氛的真实写照，以后晓市规模越来越大，一直扩大到教场口街。1956

年对私营工商业者进行改造，晓市消逝，但小市的名称流传下来。后九条因是公共汽车站的站名而出名。小市头条到五条、八条均是南北胡同，后九条是由原小市横头条改成。

六铺炕上喝杯酒：六铺炕这个地方是元代中书省所在地，曾建有巍峨的府衙。元代灭亡后，此地被隔在了内城以外，逐渐荒废。明代在这里设立铺舍，位于安定门、德胜门之间共设六铺。明人张爵《京师五城坊巷胡同集》中对此有明确记载。清末，有位叫杨二的人在元中书省的废墟上开了个酒馆，院落很大，古树遮阳，他把旧殿基经过改造形成了六个若炕一般大的土台子供人们露天饮酒，后来又在上面搭上凉棚，雅称"雨来散"，生意非常兴隆。散了晓市的商人来此饮酒，西营房八旗子弟教练完后来此喝茶，逛黄寺的游人坐车经过这里寻乐。由于这里地处城郊，清亡之后，铺舍不存，这里成了继晓市之后的古玩交易之地和无聊之人赌博之所，"六铺炕"成了酒店招牌，在附近有了名气。1923年，北京又发生震惊中外的"二七惨案"，继之曹锟贿选总统受到孙中山通电声讨，北郊商气受到影响，六铺炕茶酒馆歇业。如今茶酒馆和八旗子弟操练场均已不存，只留下了六铺炕这个耐人寻味的地名。

地兴居，分西东。地兴居也是当时安定门外有名的酒馆之一。20世纪50年代初，护城河边还有茶酒馆，临窗见河，周围是庄稼地，很有郊野之趣。后来这里成了居民区，这些茶酒馆逐渐没了，只有紧靠城楼的几家变成了小饭馆，在拓宽马路时大多也不见了。安德路与鼓楼外大街交叉形成十字，东西两侧均有地兴居的地名。在安德路东段有地兴居一巷、二巷、三巷、四巷、五巷；在安德路西段六铺炕一区、二区，对面叫地兴居。至此，在安德路共出现了与之相通的街（安定门外大街、青年湖南街、礼拜寺街、德胜门外大街……），胡同（林家胡同、小市口胡同、大井胡同、西营房胡同），里（上龙东里、上龙西里），巷（地兴居1—5巷），条（小市头条—9条），区（六铺炕1—3区），沿（安外西河沿），居（地兴居）以及河边的花园等近十种对单位居民点的名称，丰富多彩。

西营房旁会上龙。西营房是清代满洲镶黄旗的营房，其操练的校场沿用明代五军神枢营旧地，除操练骑马射箭外还是试射火炮枪弹的地方。西营房东面地靠安定门外大街，这里叫上龙东里，因西侧有上龙巷而得名。安定门外有地坛公园、安定门内有国子监，均是过去皇帝经常要来的地方。清代皇帝属镶黄旗，因之紫禁城内的禁卫军由正黄、镶黄、正白三个旗中挑选人组成，称为"上三旗"，地位显贵，其驻地以"上龙"命名，可见旧时这里地理位置的重要。由于西营房八旗子弟的存在，也造成了六铺炕、地兴居商业的繁荣。

沙窝门，里外空（一）

沙窝门，里外空，
夕照寺，画古松。
万柳堂前鱼戏水，
督师庙旁论英雄。
法藏寺，塔真高，
营房里边蓝旗飘。

沙窝门：广渠门的别称，是外城东向的城门，在旧日，这几乎是北京最冷清的城门。广"大"也；渠亦"大"也，二者合称仍为阔大之谓。但在历史上，广渠门内外均非常空旷。明崇祯二年（1629年）清太宗皇太极一直打到广渠门外，明督师袁崇焕力战，金兵才稍却。说明明代时这里空旷得可成两军对垒的战场。瑞典学者奥斯伍尔德·喜仁龙在他1924年所著的《北京的城墙和城门》一书中说：广渠门"位于外城北部一片相当荒凉的城区。到沙窝门须经过一大片没有住宅的开阔地。"广渠门的门洞不像内城的城门那样在侧面开门洞，而是城楼的门洞和箭楼的门洞均向东，从城里可以看到城外，所以喜仁龙说："两门与城台相比，颇为宽大，通过城洞就可以清楚地看到瓮城内的情景或野外风光。""这座古老的瓮城，虽然无树无庙，也无其他动人之处，但内部建筑布局匀称，保存完好无损。"广渠门因旧日比较荒凉，城外有关厢，现称广渠门外南街，街道不宽也不直。今广渠门外大街是20世纪30年代才开始修筑的。原广渠门内的大街也是狭而斜，1965年更名为广渠门南小街，现广渠门内大街是广安大道组成部分，1965年由原蒜市口、榄杆市、大石桥合并而成。

夕照寺：在广渠门内夕照寺中街，建于明初。明正统年间（1436—1449年）爱国将领于谦曾到过该寺，应寺僧要求为古拙俊禅师所作《中塔图》题词，题词墨迹收在乾隆所刻的《三希堂石渠宝笈法帖》第二十八卷中。夕照寺最有名的是壁画，寺内大悲殿西壁有《古松图》，是画家陈寿山于乾隆四十年（1775年）所画；东壁为王安昆手书行草梁朝沈约的《高松赋》并跋。陈寿山和王安昆都是清代著名的画家和书法家。该寺1984年列为崇文区文物保护单位。夕照寺街北接广渠门南小街，南接龙潭路，与东西向的夕照寺中街十字相交，并有夕照寺东里和夕照寺西里居民区。原夕照寺西侧有康熙元年（1662年）建的育婴堂，雍正皇帝曾特宣恩旨，颁币千金，并赐"功深保赤"匾额，又御制记文以示奖励。民国时期仍收容孤儿，建国后由北京市教育局接管，1957年更名为育锋小学。

万柳堂：在今夕照寺街板厂南里一带，是清初文华殿大学士冯溥的别墅。万柳堂占地百余亩，内有土山莲池，全园普遍种植柳树，每到夏天荷花飘香，垂柳成荫，景色十分优雅，故名"万柳堂"。园内建有御书楼，楼内悬挂康熙御笔匾额"简廉堂"，堂前殿柱对联为"隔岸数间斗室，临河一叶扁舟"，是昔日南城一处名胜。后来，此园归仓场侍郎石文桂所有，他又修建了大悲阁、大殿、关帝殿、弥勒殿，名曰"拈花寺"，并请高僧德元来主持。康熙四十一年（1702年）圣祖亲笔题写了"拈花禅寺"匾额悬于大悲阁上。当时，各地来京文人墨客经常在此聚会饮酒品茶，谈文论诗。万柳堂在民国时期已残破不堪，万柳堂的亭台水榭已无存，拈花寺在建国后全部拆除，现为板厂小学。万柳堂南原来是一片苇塘和荒坟，1952年北京市人民

踏歌寻典

政府投资组织了数万人工，在此挖成了三个人工湖，环湖种树十万余株，著名建筑学家梁思成教授提议名为龙潭湖。公园北面的路现为龙潭路。万柳堂虽然消逝了，新建的龙潭公园有条件异地恢复其历史景观，佳景重现。

督师庙：袁督师庙，是广东人张伯祯先生于1917年择地于龙潭湖畔创建的，坐西朝东，面阔三间，坐落在高约一米的台基上。庙堂内三间各自分隔，中门上的石门额书刻"袁督师庙"。门两旁石刻对联为："其身世系中夏存亡千秋享庙死重泰山当时乃蒙大难；闻鼙鼓思辽东将帅一夫当关隐若敌国何处更得先生。"庙内明间正壁上镶嵌袁督师石刻像，其上原有袁崇焕手迹"听雨"的牌匾，现已无存。两壁有《明袁督师庙记》、《袁督师庙碑记》、《佘义士墓志铭》等石刻。门额、对联及《庙记》等多块石刻均为康有为手笔，有较高的历史和书法价值。袁崇焕（1584—1630年）是明末抗击后金、保卫山海关和北京的著名将领，多次击退后金军的进犯，是后金的劲敌。为了除掉袁崇焕，后金皇太极仿照《三国演义》蒋干盗书反奸记的故事，故意把假军情泄漏给被俘的明宫

踏歌寻典

踏歌寻典

太监，造成袁崇焕与后金有染的"军情"，太监"逃跑"后向崇祯皇帝进谗言，袁崇焕被捕入狱以叛国罪被判最残酷的磔刑，死得极惨。袁死后，弃尸于市，无人敢去收尸，其部下佘姓义士深夜窃走尸体，葬于广渠门内广东义园。清乾隆修撰《太宗实录》时，详述了皇太极计杀袁宗焕内幕，千古奇冤才得以昭雪。后人为纪念袁宗焕，先后在广渠门内为其修建了祠和庙。

法藏寺：在今幸福东街南口铁路西侧的一座庙，初称弥陀寺，因寺中建有砖塔一座，俗称白塔寺或法塔寺。法藏寺始建于金代大定年间（1161—1189年），明景泰二年（1451年）太监裴善静重修并改名法藏寺。到了清代法藏寺因周边居民太少，香火不旺而荒废，独存法塔一座挺立街头，是南城极具悲怆之感的一个景观。法塔寺的塔空心，内设旋梯可以登高望远，每年九月九有登高之举。该塔共有 7 层，总高约 30 多米，平面呈八角形，各层每面均有明窗，是北京地区仅有的几座楼阁式塔之一。建国初期，塔在龙潭路北侧，白色微黄的塔身给城区平添一股古朴韵味，为周围景色注上了历史沧桑色彩，很引人注

目，是北京街头十分难得的一道古都风
景。行人路过，无不停步观赏，因为此
塔历史比明清的北京城还长，是城区内
少见的八百年古塔。1965年，该塔正因
其古老失修，怕危及铁路安全而拆除，
街心古塔之景色看不到了。

营房：清代满洲八旗驻兵之地，位
于今法华南里小区。《八旗通志·卷二十
三·营建志一》中记载："康熙三十四年
（1695年）五月辛未，谕大学士等曰：
朕览八旗都统所察无房舍者，七千有余
人，未为甚多。……今可于城之外，按
各旗方位，每旗各造屋二千间。无屋兵
丁，每名给以二间，于生计良有所益。
此屋令无得擅鬻。兵丁亡退者，则收入
官。"此处原为正蓝旗校场所在地，按八
旗方位，正蓝旗驻崇文门里，所以从内
城移出之兵建在了校场旁边。雍正二年
（1724年），又为广渠门的40名门军
"广渠门内东边空地五段，盖房四十间，
计十一座。内七座每四间，四座每三
间。"旧日，人们把康熙年间盖的满洲正
蓝旗营房称大营房、把雍正年为满洲、
蒙古门军所盖称正蓝旗小营房。崇文门
外正蓝旗营房周围筑有高墙，辟有四门。
原北门和南门分别在原营房宽街南北口，

踏歌寻典

东门在营房东条东口，西门在原营房宽街小学西墙处。营房内有关帝庙一座，八旗学堂一座。营房成排建筑，竖着三条南北街：营房西街、宽街、东街；横向东面头条至十三条；西向头条至十一条。经过旧房改造，这里已成小区，有关营房胡同地名注销，已成历史。

沙窝门，里外空（二）

法华寺西磁器口，
三里河东楼势弯。
瓜市大街喝杯酒，
巾帽胡同置新冠。
花市大街逛庙会，
钟响之前过税关。

　　磁器口，由营房西街北口沿法华寺街向西，就看到了天坛东北墙根，再向北就是磁器口。磁器口大街是条南北向的大街，北始珠市口东大街，南至天坛路。明朝时这里叫蒜市口南。清代时，叫娘娘庙街，因为街内有一座天仙圣母娘娘庙。1860 年后，驻京外国人日益增多，东交民巷一带又成了"使馆街"，这些西欧人颇喜中国陶瓷工艺，因为历史上的中国瓷器传入欧洲的盛况，深刻印入外国人脑中，大有入宝山不能空回之感，所以纷纷采买。这一市场需求，刺激了崇文门外的商业。历史上崇文门外到红桥一带应属普通市场，各阶层人物都可以在这些市场进行交易活动，商品不仅零买零卖，同时也有批发业务。有

踏歌寻典

条件让巨商大贾把本地和外埠的商品集中到这里进行大宗买卖活动，从而形成规模较大的商品集散地。在市场有要求，崇文门外有地利的情况下，娘娘庙街的瓷器业兴隆了起来，原来经营的瓷器来自磁县、定县和冀县，后来北京的瓷商不但能采办到江西景德镇影青釉，龙泉釉之瓶、罐、盘、碗等仿古细瓷，还能采办到日本瓷器。西欧人到此买中国瓷、中国人到此买日本瓷、琉璃厂商人到此买仿古瓷……这条街上不但有大的瓷器店，还有很多瓷器铺，以后又摆出了瓷器摊。光绪年间，正式将此地定名为磁器口，直到1928年首都南迁后，这里的瓷器业才萧条下来。1965年红桥大街并入，统称磁器口大街，红桥商品市场重现了当年磁器口的辉煌，许多来京的外国旅客购物都慕名前往。

三里河：自磁器口向北走就是三里河，今已并入珠市口东大街。三里河距正阳门三里，称南三里河。该河在元代时称文明河，接通惠河为漕储运道，在明代尚存铁绠。明正统年间（1436—1449年），明英宗在修内城九个城门时，为了使城内雨水发泄通畅，在正阳门外护城河桥东加大向文明河的排水口，并试图恢复漕运旧道。到明宪宗成化年间（1465—1487 年）又议此事，经实测发现由城南三里河到张家湾运河口"旧无河源"、"其水深处止有二三尺，浅处一尺余；阔处仅丈余，窄处未及一丈。又有走沙，天旱则淤塞浅涩，雨涝则漫散冲突，势不可开。"嘉靖三十二年（1553年）修筑北京外城，三里河成城内河，流经西打磨厂、长巷头条、北桥湾、金鱼池，与天坛北墙外河道相接，西边到天桥，东边经红桥向南排入永定门至左安门之间的护城河。明正德十二年（1517 年）在此建三里河石桥，后埋入地下，1953 年建三里河大街道路时发现。清代后期，河水干涸，河床变成了街巷。三里河大街形成后，一直是城南东西走向的主要街道，也是售酒、烟的商业街。现该街是广安大街组成部分。出珠市口东大街东口向北是瓜市大街。瓜市大街北口是手帕胡同，里面有一条胡同叫楼弯胡同。清末这里盖了间小楼，胡同因它改变走向，十分引人注目，成为一处地理标志而入了地名谣，说明当时楼房之少，有钱盖楼人的权势之大。

瓜市人街。从磁器口沿崇文门外大街向北走至手帕胡同口，这一段旧称瓜市大街。在明代，这里是北京瓜果食品的集散地，到清代形成沿街店铺坐商卖酒，有二十余家之多，垄断了全市上过税的官酒买卖，而瓜果食品只是街头摊贩临时货摊了。清末北京形成了两大干鲜水果市场，一处在德胜门外，一处在前门外珠市口东大街内的果子市。清宣统年间约有六十余家贩卖干鲜水果的果行在此，其中著名的有：万城、顺兴、顺昌、同顺四大果行。而且这些果行都有当时政府发的"龙帖"。瓜市大街演变成售酒的"中心"，于是全市的酒业公会也就落座在与瓜市大街相交的珠市口东大街的东口内。旧日，烟酒不分家，酒在此成了气候，烟也就随之而来，"恩成公"烟柜设在珠市口东大街东口（当时叫东柳树井）。瓜市大街南端过去叫蒜市口，曾有曹雪芹故居，此处风情，对写作《红楼梦》有很大影响。清末民初夏仁虎在其著作《旧京琐记》中说："酒行在崇文门外，向来为二十家，皆领有商帖者，凡京东、西烧锅所出之酒皆集于是。近日凋零，不及十家矣。"即使这样，据民国八年（1919 年）酒行商会会员录上尚有泰和、天裕、永益、聚隆、天顺、永隆、永享等 7 家。旧日，全城饭店、酒店均来此趸酒，号称京城酒市。

巾帽胡同。自瓜市大街向北称崇文门外大街，路东的街巷胡同主要有东茶食胡同、东兴隆街、巾帽胡同、喜悦胡同、东打磨厂街。巾帽胡同形成于明代，原称金帽儿胡同，因这里有一家姓金的人制帽作坊有名，自清代后称巾帽胡同。东兴隆街以制鞋闻名，所生产"千层底"布鞋远近驰名。崇文门外大街过去在"前三门"中，仅次于正阳门，是店铺林立，车辆如梭，行人众多的繁华街道。造成崇文门外大街商业发展有三个原因：一、城区百姓来此购农副产品，东南郊农民在此购日用品；二、南北大运河终点在大通桥下，崇外大街比前门外大街近三里；三、旧日北京九门总税务司设在崇文门外大街。正因为上述原因，崇外大街除前面涉及的瓷器市、酒市外，还有以下几个集中的行业分布在崇外大街和前面讲的几条街或胡同里。中药业：有著名老药铺万全堂、千芝堂、庆仁堂以及天汇、天成、隆盛、益成等20余家药栈。五金行：有万和成、万庆成、义和成、三益泰、万丰泰、信昌号等20余家，京师五金行同业公会在此街上。茶叶铺：吴鼎裕、荣泰、恒和、久大4大户，尤其是吴姓茶铺，南方有产茶区有茶场，本店专人薰制。煤栈：四合顺、成兴顺、德丰元三家直接从京西进煤，买卖以大宗批发为主。棉线店、颜料铺、油酱坊也有一定规模。东打磨厂的老二酉店书局、宝文堂书铺以及吴文魁笔铺也是文化产业著名老字号。

花市庙会。系指东西花市大街，有三处庙会。一个是西花市火神庙的庙会，该庙建于明隆庆二年（1568 年），清代乾隆四十一年（1776 年）重修。花市火神庙原为神木厂悟元观下院，供奉火德真君。明、清两代以及民国年间，一直到 20 世纪 50 年代初，每旬逢四（以后改公历）之日以庙门口为中心，从花市口到羊市口一带有庙市，到这一天，商贩在路旁沿街设摊，到这里赶庙市的有许多是城郊附近的农民，因此市场上卖农具、菜种的很多，同时还有风味小吃，日用杂货等。因宣武下斜街的土地庙是每旬逢三开庙会，花市里逢四有市，所以北京有一句歇后语："土地庙赶花市——一天一个集（急）。"由于每月在此有 3 天庙市，时间长了，庙市与火神庙的关系不大了，庙会越办越火，而火神庙的香火却越办越不旺。第二个庙会是东花市的都皂君庙，每年八月初一、初二、初三日是庙会。皂君庙前有一对铁狮子，相向对顾，风姿雄健。因此旧京有一歇后语："灶君庙的狮子——铁对儿。"用以形容友好者之间的关系。花市街附近居住许多做纸花、绢花的手工业者，绢花几可乱真，每天街上均设摊出售，花市由此得名而来。第三个庙会是腊月连集庙会，这是花市街每年最热闹的时候，从农历腊月十四到腊月三十，天天有集，是北京市民采办年货的好地方。花市平日也是有名的商业街，有许多著名店铺云集在此街上。

税关。崇文门是当时车船往来的枢纽，明清时期将京师总税务衙门设在这里，征收商税，其税收居全国之首。崇文门关建于明成化二十一年（1485年），结束于民国十九年（1930年），前后长达近450年之久。在崇文门税务衙门当差，征收运入北京的货物落地税是"京师十大优差"之一（其他是山海关、张家口的税务监督和宝泉、宝源钱局监督等）。既是肥差，决不外流，所以有清一代，凡能捞到此差的大员，均是皇亲贵族。旧日，京师有句歇后语："崇文门关当差——发了。"因崇文门关私货上税，公货不上税，故而又有"崇文门的大秤——称私不称公。"辛亥革命后，1930年10月16日，北平商界开会，发动取消崇文门税关运动。南京政府行政院于11月4日通过裁撤崇文门税关案。自元朝引用昌平白浮村神山泉的水补充了通惠河，使运河上的船只通过漕运能够到崇文门东边的大通桥下，然后货物和人员可从崇文门进城，崇文门就担起了总税关的职能。正因为如此，内城九个城门开闭城门时都打典，只有崇文门是敲钟，以让远道而来的商人分辨清楚。"九门八典一口钟。"讲的就是这个区别。崇文门瓮城东侧原来有座镇海寺的庙，庙里供着一只铁龟，人们叫它"崇文铁龟"，据说龟身下压有海眼。传说，如果崇文门一打典，龟就会走开，海眼喷水能淹北京城。为了让海龟安心压海眼，所以崇文门打钟不打典。

附记：从北京地坛公园南门向南，经雍和宫大街、东四北大街、东四南大街、东单北大街、崇文门内大街、崇文门外大街到天坛东路，实际是贯穿北京南北交通的天地大道。从天坛到地坛，从地坛到天坛，南北一条直线，可讲述的故事很多。本书"东直门，挂着匾"、

"东单东四银街行"和"沙窝门，里外空"对此线地名和古迹都有涉及，可连起来看，就觉得这条京城东侧的南北大道真不愧是由地到天的京城古道了。

踏歌寻典

彰仪门，往里看（一）

彰仪门，往里看，
南北两街连成线。
北边看见西便门，
南边白墙连成片。
南线阁，北线阁，
南北线阁多大院。
顶好的买卖高台阶，
顶好的姑娘不戴花。

彰仪门，是金中都西侧最南面的一座城门的名字。金中都城周长计三十七里余（实测为 18.69 公里）。设城门 13 座，东为施仁、宣曜、阳春，南为景风、丰宜、端礼，西为丽泽、颢华、彰仪，北为会城、通玄、崇智、光泰。1234年，蒙古军攻占中都城，金朝宫殿被蒙古骑兵焚毁，城池荒废。明嘉靖四十三年（1564 年）北京外城完工，北京城形成了"凸"字形状。完工后的外城全长二十八里，有城门 7 座。正南为永定门，其东为左安门，西为右安门，东向为广渠门，西向为广宁门。东、西与内城交接的转角处各建一个小门，东为东便门，

踏歌寻典

西为西便门。广宁门在清道光年间其"宁"字因与皇帝名字旻宁之字相重，改为"安"字，叫广安门，因该门与金中都彰仪门同在一条东西大街干道上，虽然不在一个位置，但因其建在金代彰仪门大街上，所以在民间仍称其为彰仪门。

旧日广安门内是很空旷的，虽然是在城内，还有许多莹地和庄稼地。如宣武医院是在土地庙的位置上盖起的医院，但在建国初期，土地庙的后身就是"烂死岗子"，坟地。沿街的房屋也矮，所以向北可以看到西便门，向南一直可以看到白纸坊。早在唐代这里就是造纸作坊集中地区，唐代幽州城天宁寺以南地区都称白纸坊。坊，是古代街巷区域划分用语，其范围类似现在各派出所管辖范围。过去这里大小作坊达 100 多个，以生产白纸著名。但在南线阁以北也有制造粗糙的草纸（即手纸）作坊，所以这里也曾叫过黑纸坊。黑纸坊的名字没留下来，白纸坊的名字一直使用到现在，有白纸坊东街、西街、白纸坊北里、中里，还有白纸坊胡同。白纸坊现在是个街道办事处名字。以往造纸要把纸张贴在露天的白墙上晾干，晾纸的白墙成群成片，是当时北京南城一道独具特色的景观。

　　广安门内大街是北京最古老的大街之一，远在唐代这里就是一条东西向街，称檀州街。历史上广安门是北京通向广外、卢沟桥、南方各城市的重要通道，地理位置十分重要。明末李自成起义军的一支、日寇入侵北平、部分解放军进城均经过此街。此街向东的第一个十字路口，向北是北线阁街，向南是南线阁街。这两条街的名称与辽代在此曾建有燕角楼而得名。由于年代久远，南北口音不同，把燕角讹音为烟阁，又变音为线阁。从南、北线阁名称的变化，可以看到经过辽、金、元、明、清五个朝代，北京居民籍贯的不同而带来的语音不同，最终磨合成北京话的发展过程。旧日，南北线阁有许多接待骆驼队、车马队住宿的车马店。院落比较大，因此说南、北线阁多大院。这里讲的大院是大空场。日伪时期，经济凋敝，来京货运车马和骆驼减少，这里成了取土烧砖的地方，日久成了窑坑，日寇将患有霍乱病的死者和病危之人用卡车拉到这里，扔进坑内，撒上石灰埋掉，成了万人坑。

　　广安门内大街古称彰仪门内大街，在清代《光绪顺天府志》又称其为"南大街"，因为它向东直通广渠门，从明嘉靖年间北京修筑外城后的四百多年间贯穿北京外城东西的惟一通道。这条大街从西向东依次叫广安门内大街、菜市口、骡马市、虎坊桥、西柳树井、西珠市口、东珠市口、东柳树井、三里河、磁器口、蒜市口、东草市、栏杆市、大石桥、广渠门内大街。2000年拓宽马路后，统称广安大街，与长安大街、平安大道共同构成了北京二环路内三条东西主干道。由于广安门重要的地理位置，在其建成后就形成了广安门（瓮城和门脸）、北线阁口、牛街口、菜市口等百货云集、行业齐全、店铺栉比的商业繁华路段。除了有这些坐商店铺外，广安门内大街上自明清以来还有专业性的集市，以灰市、炭市、鸡蛋市为最有名。为了使人看清门脸，坐商一般均建在高台上，门前有台阶，那些马路上的专业性集市虽然热闹，但商店还是高于这些临时摊位的。这些集市产品除供应京郊百姓日常需要外，有的还销往华北，所以逛此集市的妇女与逛庙会的内城妇女不同，很少有戴花的。

彰仪门，往里看（二）

广义街，歇歇脚，
报国寺里看墨宝。
土地庙的花市品种好，
牛街回民小吃手艺高。
往东走，坐花轿，
法源寺街看古庙。
烂缦胡同多会馆，
绳匠比丞相辈分高。

广义街在广内大街路北，清代称广谊园，是浙江义地，建国后谐音为广义街。从广义街南口继续向东走就是有五百多年历史的报国寺。报国寺建于明成化二年（1466 年），据传说，当时报国寺规模不大，伽蓝殿中的和尚俗名叫周吉祥，是明英宗周皇后的弟弟。姐弟从小失散多年，经过不少周折才得相见。周皇后希望弟弟还俗，其弟已看破红尘，坚持住寺为僧。周皇后以自己和英宗曲折身世为鉴，不勉强弟弟的意愿。在英宗晏驾，宪宗即位，自己当了皇太后以后，她动用国库建了"大报国慈仁寺"，并送去珍贵字画一百二十轴。历史上，报国寺农历每月逢五有庙会，以书市闻名，因此有"报国寺里看墨宝"之语，现该寺为北京市重点文物保护单位，院内有邮票、钱币市场。

沿报国寺再向东走的路口是下斜街，下斜街内原有一座土地庙，属于道教的庙宇。土地庙以前有庙会。北京有句俗语"土地庙赶花市，一天一个集（急）。"因为土地庙每逢农历初三、十三、二十三开办庙会，而崇文区的花市是逢"四"有庙会，都是一天。1929年10月1日起改为阳历逢三办庙会后，土地庙的庙会规模还很大，不但有各庙会均有的农副产品、百货、饮食各种商摊，而且因地靠丰台，每逢庙会之日还有许多鲜花、盆花出售，是京城一景。下斜街的南面是牛街，内有建于辽代的清真寺，是北京城里最大的回族聚居区。牛街内原有许多清真饭馆，以北京回民小吃与清真菜肴结合的"小吃宴"而闻名，牛街小吃品种有二百多种，其中有传统民族食品，如油香、肉火烧、炸卷果、松肉等，还有许多祖辈相传具有地方特色的名优产品，如享誉全城的"羊头马"、"豆腐脑白"、"年糕钱"、"馅饼周"等，这种品种在前姓氏在后的特有现象，说明了牛街地区回族同胞对北京饮食文化的重大贡献。

广内大街马路南侧，沿牛街北口向东走是教子胡同，因清时有轿子铺而得名，是辽代就存在的一条通往悯忠寺（今法源寺）的道路，已有千年历史。再向东是烂缦胡同，清时称"烂面胡同"，后雅化为"烂缦胡同"。胡同内有湖南、湘乡、东莞、常熟、汉中等会馆，在此会馆居住过的历史名人有谭嗣同、罗荣桓、毛泽东等。其中湖南会馆为市级文物保护单位。自烂缦胡同北口再向东走就是著名的菜市口，这里自金代起就是个丁字路口，向南没有与宣武门外大街相对应的街道，只是在东侧有一条不起眼的菜市口胡同。这条胡同虽然不宽，但很有名。这条胡同明清时代叫绳匠胡同，民国时将其谐音为丞相胡同，原因是这条胡同曾居住过许维祯、陈元龙、李鸿藻等当过丞相的人。民国将此胡同改名，引起鲁迅先生的反对，认为不能从名称上判断吉凶，把绳匠胡同更名丞相胡同是属无聊。在此胡同居住过的名人还有曾国藩、左宗棠、徐乾学、毕沅、洪亮吉、李大钊、秋瑾、龚自珍、蔡元培等。1998年后，市区政府对胡同进行

踏歌寻典

彻底改造，将菜市口丁字街拓宽成菜市口大街，于 1999 年 8 月 28 日竣工剪彩，从此菜市口胡同遂成为历史。

　　附记：菜市口大街向北是宣武外大街、西单北大街、西四北大街、新街口北街。通过二环路后向北是新街口外大街。新街口外大街昔日叫小西天，因小西天庙而得名。这是北京城西侧南北大道，南边菜市口是刑场，北边小西天预示新生。

彰仪门，往里看（三）

菜市口，再往东，
死市活市要分清，
骡马市上祭马神，
湖广会馆把戏听。
往前走，珠市口，
晋阳饭庄历史久，
清华池里泡个澡，
基督堂里去祈祷。

从菜市口十字路口向东到虎坊桥路口这一段东西大街叫骡马市大街，是广安大道的组成部分。菜市口在明代叫菜市大街，清代叫菜市口。建国后，1965年调整街巷地名时把菜市口西部并入广安门内大街，东部并入骡马市大街，从而菜市口地名已被撤消，但有许多商店仍以菜市口命名。历史上的菜市口是东西向街道，现在开辟的菜市口大街是南北向的，不是一个方向。菜市口到骡马市早在明代就是有名的疏菜市场和骡马牲口市场，而后发展成在外城仅次于前门大街、大栅栏、崇文门外大街的商业街。正因为这里商业繁荣，来往行人众多，交通发达，所以清代才将杀人的刑场从西四牌楼迁至菜市口，以达到杀一儆百、警告效尤的目的。1898年，谭嗣同等"戊戌六君子"就是在这里被害的。旧时骡马市的集市有两市：早集为晨市，卖正当年的骡马，买去当役力，因此叫活市；活市之后是死市，专卖老弱骡马，买主购后去屠宰卖肉。

骡马市大街上明代曾建有马神庙，每年农历六月二十三日是马王生日，都城内外骡马夫均到马神庙祭祀。由于上香者人多，以至于车价都比往日贵上许多，名曰："乞福钱"。传说该庙祭品用全羊一腔，不用猪，谓马王在教，不享黑牲。该庙马神塑像为一四臂三目的武将，因此有一俗语为"马王爷三只眼，又管近来又管远"，该庙于民国初拆毁。骡马市大街的东口南北各有一座有名的建筑，一座是在十字路口西北角新华街南口路西的京华印书局的四层大楼，该楼建于1920年，是民国时期的典型西式建筑。京华印书局的前身为官办直隶官书局，它是康有为和梁启超所办的强学会书局改组形成。另一座是在十字路口西南角，虎坊路南口的湖广会馆，该馆曾住过许多名人和举行过重大政治活动，也是许多著名京剧演员演戏的地方，1984年公布为北京市文物保护单位。

骡马市大街东面是珠市口西大街，该街是1965年全市整顿街巷地名时由西珠市口、西柳树井、虎坊桥三条街合并的统称。珠市口原名猪市口，在明代是正阳门外有名的买卖活猪的集市。到了清代，猪市不存在了，谐音转化为珠市口。珠市口西大街是北京南城一条有名的商业街，它的西口路北晋阳饭庄，既是著名的山西风味饭店，又是文人名士踏幽访古之处。晋阳饭庄的西侧有一座北京典型的四合院，是清代乾隆年间一代大儒纪晓岚的故居，名为"阅微草堂"，该院内还留有当今北京最古老的藤萝。20世纪50年代，为了支援首都建设，山西省抽调了二十多名身怀绝技的红、白案厨师进京，在这里组建了晋阳饭庄。随着事业的发展，在纪晓岚故居东侧又建起了晋阳饭庄大楼，使人文景观和烹饪文化得到有机结合。著名作家老舍先生喜爱这里的环境和山西风味面食，经常来此用餐，写下了"驼峰熊掌岂堪夸，猫耳拨鱼实且华，四座风香春几许，庭前十丈紫藤花"的诗句，赞美了晋阳饭店的环境和独具风味的山西面

踏歌寻典

食。

清华池位于珠市口大街东口路北，始建于清光绪三十一年（1906 年），原名小仓廊澡塘。20 世纪 20 年代由回族人于子旺投资改建，更名为清真清华池浴池。清华池的脚病治疗室在全市浴池业享有很高信誉，60 年代回族全国劳动模范安启、90 年代满族爱新觉罗氏特级技师金启平都是知名专家。前苏联著名芭蕾舞家乌兰诺娃来华演出时，她多年的脚病由安启治好，使清华池的高超治疗脚病技术在国际上也享有了声誉。北京是多民族的城市，也是多宗教的城市。西珠市口东口路南的基督教堂始建于1904 年，是在 1900 年以后美国卫理公会开设的八座教堂中的第一座，因它坐落在北京的城南，又称为北京基督教会的南堂。这座教堂从建堂一开始就由中国牧师主持，第一任主持牧师是陈大镛。随着基督教在中国的发展，教徒的增多，1921 年该堂扩建成楼房。1926 年起珠市口堂实行自养，1951 年再次实行自养，1958 年北京市基督教各宗派教堂实行联合礼拜，信徒不分远近分别在各堂会参加礼拜。在"文化人革命"时期教堂被关闭挪做他用。1988 年 12 月 20 日圣诞

踏歌寻典

节前夕该堂恢复宗教活动，举行了开堂典礼。在广安大街施工中，该教堂被原地保留，是城南重要的基督教宗教活动场所。

彰仪门，石头道

前门楼子九丈九高，
菜市口人多闹吵吵。
彰义门，石头道，
大井小井卢沟桥。
卢沟桥，十一孔，
东头狮子到西头。
长辛店，五里长，
二十五里到良乡。
良乡塔，站山坡，
过了窦店琉璃河。

　　此首驿道路谣，版本很多，也很长，由北京说到河北、山东、安徽。因本书集中写北京地区，所以余下部分不再"寻典"加注，只选有代表性的版本记在此处："琉璃河，一道河，过了河间到任丘。河间府，牛头门，三十五里尚家屯尚家屯，打茶尖，三十五里到献县。献县人民不发愁，过了雄县到茂州。茂州城，一块土，府间府是三百五。三百五，到德州，到了德州再往前走数一数，兖州徐州到蚌埠。"明清二代府与府之间的

踏歌寻典

距离是三百五十里，以此为距由德州一直说到蚌埠，成了一幅古代驿道旅游路线图。

前门是正阳门的俗称，旧北京城的象征，古代从京出发的起点。北京人对前门的称呼有两个含义：一是指前门城楼、瓮城和箭楼；二是泛指前门附近的前门大街，西河沿，东河沿，廊房头、二、三条，珠宝市，粮食店，打磨厂，鲜鱼口，肉市和布巷子一带地方。全国各地来的人把前门当做北京的象征，这首路谣是从北京出发向南向东的地理图，所以把前门当做出发点。前门城楼建于明正统二年（1437年），高42米，面宽七间，进深24米，箭楼高36米。说前门楼子九丈九高，是形容其高，并非就是九丈九（32.96米）。为了保持北京平展舒适的城市风貌，旧日城内所建的楼房一律不准超过前门的高度。1931年金城银行在王府井大街金鱼胡同西口南侧建立北平东城办事处，原建五层楼，当局认为有碍北京风水，强行拆下一层，不许超过前门城楼高度。菜市口旧日是刑场，每到行刑时观者甚多，因此说"闹吵吵"。

彰仪门，石头道。从广安门到卢沟

桥，是几百年来进出北京的要道，明、清两代叫驿道。广安门是古代中国驿道的第一个驿站，叫"皇华驿"。明、清宫廷对此路均很注视，广安门外的道路在清雍正六年（1728年）施工时用花岗石铺墁，规格之高，可与正阳门到永定门的石道相比。此石头道从广安门一直铺到长辛店南关处，在当时算是非常大的市政工程了。有驿站的时候，小井、大井都建有"接官亭"（也叫送官亭），俗称黄亭子，是接风或送行的礼仪场所。小井在今西四环岳各庄立交桥和西三环六里桥立交桥之间。大井位于今丰台区中部，原称义井和蜜井，大井村东南原有万佛延寿寺，又称高庙，现为丰台体育中心用地。关于大井和高庙的重檐阁，过去在北京城非常有名，传说义井是由于西山一位养蜂的农民，把卖不掉的几篓蜜倒在了"接官亭"下的大井里，使苦水井变成了甜水井，人称"蜜井"。明代嘉靖皇帝驻跸于此，闻知此事命建庙祭祀，盖起了重檐阁，人称"高庙"。金受申先生在其所著《北京的传说》一书中，"蜜井，重檐阁"一文对此掌故有精彩的记述。

卢沟桥是一条东西向的桥，架在卢

踏歌寻典

沟河上。"卢沟"一名始自唐代，因河水混浊又称小黄河、黑水河、浑河、无定河，清代康熙年间定名永定河，以求其不发水泛滥。卢沟桥始建于金大定二十九年（1189 年），建成于金明昌三年（1192 年），原名广利桥。元代时意大利人马可·波罗在他的《马可·波罗游记》中对这座古桥做了生动详尽的描绘，引起西欧和世界对该桥的了解和重视。卢沟桥是一座全部用白石砌成的连续圆拱桥，共有十一孔圆拱洞门，桥长 266.5 米，桥面宽 8 米，洞门之间的十个桥墩平面都呈船形，桥墩迎水的那一面都砌成一个分水尖，尖长大约有 5 米，并且在尖头上安装了一根边长约 26 厘米的三角铁柱，人们形象地称之为"斩龙剑"。每当山洪暴发时，桥墩上的这把"斩龙剑"都能把春汛中的冰块和河水分开，夏汛中的杂物和水分开，减少了水中冰块、杂物对桥体的冲击和挤压力，使这座石桥在波涛汹涌的"无定河"中屹立了 800 多年，桥墩、桥的基础、桥的承载能力始终是完好的。旧日民间谚语说"卢沟桥的狮子数不清"，1983 年经文物工作者认真编号统计，确定一共是 485 个石狮子，位居北京第二。因为北京石狮子最多的桥是颐和园内的十七孔桥，该桥上有神态活跃的石狮子544个，比卢沟桥多59个，只不过以往锁在深宫人未识罢了。

长辛店在卢沟桥西南2公里处，自古是华北平原腹地，是太行山东麓和永定河以东商贾客旅的聚集处，也是俗称九省御路的重要官府驿站。长店和新店在明代是相邻的两个村子，长店在南，新店在北，后来社会发展，此地日益繁荣，两个村子的店铺连在了一起，形成了五里长街，所以说"长辛店，五里长"。两个村子合称为长辛店。历史上长辛店曾有大小庙宇十几座，现存的有娘娘宫、火神庙、老爷庙、清真寺，已经拆除的有玉皇大帝庙、文庙、药王庙、崇恩寺等。长辛店不但是古代进出北京西南大道的大门，又是近代中国工人运动的摇篮，有北京最早的工人劳动补习学校、较早的工人党支部。中国工人第一次庆祝"五一"劳动节的地方。现在仍存有劳动补习学校旧址、长辛店工人俱乐部、二七大罢工会场、留法勤工俭学补习学校等革命遗址。良乡古代是个县，始建于汉代，原有县城，现为房山区政府所在地。原良乡县城南北长1公里、东西宽 0.5 公里，四面设城门。

良乡塔位于良乡城东北的燎石岗上，建于辽代。塔高 36 米，登塔可北望京师，南眺涿县，百里风光尽收眼底，是良乡城的重要标志。这里流传着宋朝杨家将孟良来此盗骨的传说，所以当地又称此塔为昊天塔。窦店距良乡城西南 25 公里，历史非常悠久，这里保存着一座初步断定为战国末期到西汉的土城，距琉璃河商周遗址不远，是研究北京历史地理的重要实物资料，古城遗址是 1979 年公布的北京市文物保护单位。琉璃河原是条河宽水深的河，源出西北部山区的大石河，古称圣水，从高山深壑中奔腾而下，途中会同诸水系，流经这里东行，汇入拒马河后东入大海。琉璃河上有一座建于明嘉靖十八年（1539 年）南北走向的大石桥，历经 7 年才建成，是房山区境内最大的古代石拱桥，为市级文物保护单位。琉璃河镇曾名燕古店，自古以来就是交通重要枢纽。琉璃河大桥的两端有明代修筑的路堤，堤面铺以巨石，号称"五里长街"。琉璃河地区董家林商周古城遗址是全国重点文物保护单位，该古城是燕国最初的都城。通过考古，1995 年北京市把周武王灭商之年的公元前 1045 年，作为北京建城之年，并举行了北京建城 3040 年的纪念活动。琉璃河在北京历史上的地位，被推上了城市发源地的位置，受到了广泛重视。

　　附记：北京有句俗语："明末修庙，清末修道。"明代太监专政，搜刮钱财修庙，以便自己老了有栖身之地；清末实行新政，对市政建设重视，自光绪三十二年（1906 年）至宣统三年（1911 年）总计修城内石渣路 67754.3 米，面积 5.55 平方千米。

善果寺晾经六月六

善果寺晾经六月六，
七十二门钉扣顶扣，
四大军机座分二溜，
八株龙抱柱透中透。

善果寺在宣武区广安门内广义街善果胡同，历史古老，创建于南梁时期，旧称唐安寺。明天顺年间陶荣重修，改名善果寺，清康熙时又修，是南城名刹。此庙北面是清代满洲镶蓝旗的营房，顺治皇帝五次来营房均到该寺休息。清顺治十七年（1660 年）顺治皇帝来此寺，称赞寺内树木葱郁，寺庙宽敞，不染市尘，宛然名山。叹为"京师第一胜地"。原来寺内有天王殿、大雄宝殿、大士殿、塔、藏经阁等。许多名人在此留下足迹，如钱大昕等。1926 年"三一八"惨案发生后，鲁迅先生的学生、女师大自治会主席刘和珍和杨德群的棺木在此停灵，数百人为之送葬。善果寺以藏经著称，一为楞严经，一为法华经，各约数百卷。一为华严经，约八十余卷，在华北地区居第一位。每年农历六月六，举办晾经礼，共举行七七四十九天，是旧京僧俗一大盛事。

乾隆皇帝下江南时，路经此庙曾临朝问政，把一全份銮驾赐与此庙，还有串马、串轿等。旧日在客厅中不设佛像，当中放四大军机的座位，以显示所受皇家的恩宠。寺中原有进士院。有七十二门钉如同金扣，说明该庙享有"王府"品位。唐柏、唐槐以及一株在磬中滋生的榆树，故名吉庆有余。1936 年春季大风，将此树吹倒，倒地又生，成为京中奇迹。原罗汉堂前又有一棵槐抱榆，古槐树上又成活一株榆树，同时向上生长，一树两秧，颇为奇特。寺中还有七井八洞等古迹，每到夏日，庙中飞有大蝴蝶，人们称其为"蝶仙"。庙中后阁经清宫同意建有镂空透雕的"龙抱柱"，是仿山东曲阜孔庙盘龙柱的工艺精品。善果寺在京城名重一时，在 1900 年八国联军侵占北京时遭到洗劫，文物被疯抢，寺庙被毁损。寺内之塔已推倒，古老石幢被遗弃。现此庙已不存，仅留善果寺之地名和山门。

胡同美名唤香儿

胡同美名唤香儿，
厂号琉璃亦太娇。
楼坠绿珠王府井，
诗题红叶御河桥。
天安门外看行伍，
兵马司前解战袍，
无量大人生佛子，
给孤寺守释家条。

"胡同美名唤香儿"这首京师地名诗采自 2003 年 4 月 13 日《北京社会报》姜希伦同志的文章"京师胡同地名诗"。文章中说："众多的胡同有着五花八门的名称，有心人将其编成诗、对联、童谣，学友马执斌在名医余无言先生的《愚庵诗草》中看到一首京师地名诗，写得很出色。"于是在下文中引出全诗，并对该诗的内容进行了逐句评介。文章虽短，引经据典，道出了北京胡同文化的特色，难得可贵。

香儿，香儿胡同。北京历史上有好几条香儿（饵）胡同，除东城交道口的香儿胡同在光绪年间更名为香饵胡同外，仅宣武区就曾有三条，有的在地名整顿中因避免重名而改成其他名字，如椿树街道的前孙公园胡同、牛街街道的德泉胡同均曾叫香儿胡同。现在椿树街道仍有一条香儿胡同，东起后铁厂胡同，南至前铁厂胡同，是一条仅有 33 个门牌的小胡同。琉璃厂分东街和西街，因元朝为修大都宫殿，在这里设置烧制琉璃砖瓦的窑，直至清初仍是生产琉璃的地方而得名。由于清乾隆年间修《四库全书》，这里成了文人墨客淘书胜地，形成买卖古书旧书的地方，非常热闹。琉璃厂东街卖书的商店多，西街卖名人字画的商店多，以光绪二十年（1894 年）开设的荣宝斋最为有名，其木版水印国画享誉世界。

王府井，王府井大街。明永乐十五年（1417 年）在此街东侧修了十王府后，改称十王府街，后称王府街。永乐皇帝在皇城之外建十王府是仿效唐代为已封亲王而又未有封地的皇子建王府大院，各皇子又分院而居的"十王府"，因此十王府不是十个王府，"十"只是多的意思。正因如此，所以由"十王府街"很快就称"王府大街"了。清光绪三十一年（1905 年）"推行警政"，"整顿地面"，改王府大街为王府井大街。该井水甜，又位于街心，靠近堆拨，历史悠久，所以街以井为名。为保护这一古迹，1999年9月9日特在井口制一龙饰井盖，今已成为王府井大街一处风景。御河桥共有三座，分别架在当年皇城内的御河之上。原来御河现在都填平或上面盖了板，如今成了马路，这就是现在的北河沿、南河沿和正义路，这三座桥的位置分别在长安街南河沿口叫北御河桥、正义路东交民巷口叫中御河桥、前门东大街正义路口叫南御河桥。

姜希伦同志文中说："第二联，堪称佳构。上句'楼坠绿珠王府井'，用的是晋朝典故。绿珠系西晋侍中石崇的爱妾，既聪明，又美貌，善吹笛。越王伦专权时，伦党孙秀曾指名索取绿珠，石崇不许，孙秀矫诏杀石崇，绿珠坠楼自尽。下句'诗题红叶御河桥'，用的是唐代故事。唐僖宗时，宫娥韩氏题诗红叶，投御沟中流出，为于佑所得。于佑也题诗红叶，投御河上流，韩氏得而藏之。帝放宫女三千，于佑正好娶得韩氏。这两则典故，分别跟王府井、御河桥联系起来，不但语意连贯贴切，而且对仗自然工稳，很是难得。"

天安门，建于明永乐十五年（1417年），原名承天门。清顺治八年（1651年）改建后称天安门，它是旧皇城的正门。天安门在明清两代是封建帝王颁发诏令的地方。每逢冬至到天坛祭天，夏至到地坛祭地，以及皇帝大婚和出兵亲征等隆重典礼，都要从天安门出入。兵马司，明清之时，北京城分中、东、西、南、北五个城区。每个城区设有兵马司，负责缉拿盗贼，维持治安。现在西城区丰盛街道有兵马司胡同，宣武陶然亭街道兵马司后街、前街、中街、中横街，最著名的是东城交道口南大街的北兵马司胡同，交道口街道办事处所在地。现今的大佛寺东街原来叫南兵马司大街。兵马司实际上并不掌兵权，品级较低，下属有巡捕厅，巡捕相当于民国时期的警察。位于阜成门的民康胡同明代叫内西巡捕厅，清代叫巡捕厅胡同。

无量大人胡同，现名红星胡同，属东城建国门街道办事处，东起朝阳门南小街，西至东单北大街。无量大人胡同明朝属黄华坊。称吴良大人胡同。在历史上，确有吴良其人，为朱元璋征战立有大功，但他从未到过北京。传说无量大人胡同原有一座无量寿庵，是元代至元年间一名叫屠文正的人因怀念母亲而建，母亲去世未能奔丧，建庙每日祭奠以寄托哀情。著名京剧表演艺术家梅兰芳"七七事变"前曾在胡同内9号院居住。给孤寺在宣武区珠市口西大街路北，属大栅栏地区，旧日在该寺旁边有给孤寺东夹道、给孤寺西夹道，现在更名为棕树头条、棕树二条。

　　附记：以北京地名编谜语、作对联、联句成诗的例子很多，如：房最多的（万家大院）；房最少的（一间楼）；房刚盖的（新建大院）；房最老的（万年大院）。这是以"房"为名，为含有"楼"和"院"的胡同拟的谜语。还有把北京的地名、风俗合在一起作对联，也很有趣，如：臭水塘：香山寺；奶子府：勇士营；王姑庵：韦公寺；珍珠酒：琥珀糖；单牌楼：双塔寺等。把几个地名联在一起相对，如椿树饺儿：桃花烧麦；天理肥皂：地道药材；麻姑对料酒：玫瑰灌香糖。再长一些的有：京城内外巡捕营对礼部南北会同馆。秉笔司礼金书太监对带刀散骑勋卫舍人。均是由地名组成，只是这些地名太古老，大部分现已不存，所以没有列出加注。

去三山五园的石御路

西直门外北小关，
高梁桥高路面宽，
路旁有座娘娘庙，
广通寺里打个间。
大柳树、骆驼脖，
寿福祥林白祥庵，
六堆七堆药王庙，
黄庄接上海淀道。
海淀镇里南北街，
西折就是万寿山。
下山到玉泉山西宫门，
喝碗水再去香山去拜神儿。

清代康熙、雍正、乾隆三帝在西郊修建了香山（静宜园）、玉泉山（静明园）、万寿山（清漪园，现为颐和园）、畅春园（已毁无存）和圆明园等皇家园林，合称三山五园。每年皇帝去三山五园时，有时从水路上去，坐船从元明两代修建的"御河"到昆明湖（相当于今日水上游由南长河经京密引水渠到昆明湖）；有时从陆上走，为此清廷由西直门到圆明园修了一条用虎皮石（花岗岩）铺的御道，该道宽一丈，中间隆起，两旁有暗沟。皇帝每次出行时，要清水泼街，黄土垫道，戒备森严。该首歌谣讲的是当年皇帝所经道路的沿途地名，有些今已不存。

高梁桥始建于元代至元二十九年（1292年），是清代皇帝水道、旱道均必经之处。原高梁桥下有闸，桥西南有船坞，桥东北有绮虹堂。慈禧太后因只有颐和园可去。所以多由水路上走，在绮虹堂休息后再登船。高梁桥又名高亮桥，来源于一个民间传说。明朝派大军师刘伯温在幽州建都北京，幽州龙王偷偷把城中地下水抽干放在水篓里，放到小车上推出了北京城。刘伯温派大将高亮赶上龙王用枪挑破了其中一只水篓把水又引回了北京，不料临到城门高亮一回头，被后面汹涌跟上的洪水淹没，把他卷入了长河。人们为了纪念为北京引水的英雄，所以建了座高亮桥。

七堆八堆，指的是屯兵设卡的堆拨。黄庄，明初称王庄，属燕王。永乐皇帝时期，改王庄为皇庄，清初顺沿此名，道光二十六年（1846年）将皇庄改为黄庄至今。黄庄向西北就是京西第一大镇海淀镇。由于清廷在海淀地区建造皇家园林，皇帝经常在园林中处理政务，所以城内达官显贵也纷纷在海淀镇设宅建园，使得海淀的街道和城区一样繁华，文物古迹众多。

御道经海淀镇南小街、西大街、向北出海淀镇，再向西折到万寿山东宫门。出万寿山北宫门到玉泉山西宫门也有御路。出玉泉山西宫门到香山也有御路。香山自辽代开始就在此兴建庙宇，静宜园内最有名的庙是昭庙，创建于乾隆四十五年（1780年）。是年，西藏活佛班禅六世不畏艰险千里迢迢来到北京专程为乾隆祝七十大寿，为了欢迎班禅，乾隆为他专门建造了这座喇嘛庙，规模宏伟，仅覆盖黄铜鎏金瓦的楼房就有几十间之多，所以香山当年也是一处佛教圣地。

五园三山外三营

畅春园里春不在，
圆明园内春再生，
清漪改成颐和园，
静明静宜皆有名。
万寿山前玉泉水，
香山脚下健锐营，
八旗老营圆明园，
火器新营似船型。

五园三山和外三营均在海淀区，是指清代北京西郊五座有代表性的皇家园林，即畅春园、圆明园、清漪园（今颐和园）、静明园、静宜园；三座名山：万寿山、玉泉山、香山；三座京旗兵营：圆明园护军营、香山健锐营、蓝靛厂外火器营。

畅春园，坐落于海淀镇的西北，在今北京大学西校门外稍南，至今还残存有一方刻有"畅春园"字样的界石和恩佑寺、恩穆寺两座山门。畅春园是康熙二十六年（1687年）在明代李伟清华园的基址上建造的皇家园林，分中路、东路、西路还有西花园，规模宏伟。康熙

踏歌寻典

六十一年（1722 年）十月中旬，康熙病逝于畅春园。咸丰十年（1860 年）英法联军火烧五园三山，一代名园畅春园被焚，一直未能重建。现遗址已成了厂房、宿舍、体育馆等，因此说它"春不在"了。

圆明园是继畅春园之后又建起的一处大型皇家园林。康熙四十八年（1709 年）开始修整，雍正三年（1725 年）开始扩建，乾隆年间达到建园高潮，将其六次巡视江南所见之名园胜迹一一在此仿建。以后嘉庆、道光、咸丰三朝代代增修，历时一百五十年，先后建起圆明园、长春园、绮春园（后改称万春园）三个重要部分，除上述三园外还有熙春园、蔚秀园等。因圆明园建置最早，所以习惯上把上述园林统称为圆明三园，是清代皇帝夏季处理公务和休息的地方。咸丰十年（1860 年）英法联军野蛮烧毁了圆明园，整个五园三山区一片火海，延烧两天两夜。中华人民共和国建立后，圆明园遗址被列为全国重点文物保护单位，经过初步整修，具备了遗址公园雏形，于 1985 年 6 月 29 日正式开放，揭开了圆明园遗址公园建设事业的新篇章。

清漪园，乾隆十五年（1750 年）启动此工程，二十九年（1764 年）竣工落成，是万寿山、昆明湖的总称。1860 年英法联军在第二次鸦片战争中纵火焚烧，除极少数建筑物，几乎均被化为灰烬。1861 年"北京政变"之后，慈禧太后揽权，在重修圆明园计划破产后，又在光绪年间重修清漪园，经十年完成了颐和园的主体工程，改名颐和园。八国联军侵占北京，颐和园又遭掠夺和焚烧。1902 年，慈禧结束流亡生活，从西安回銮北京后，立即着手修复。从 1903 年起，慈禧太后大部分时间在此度过。颐和园是我国现存最完整的清代大型皇家园林，1998 年由联合国教科文组织列入世界文化遗产名录。

静明园，位于颐和园西北，以流泉遍布，泉水清澈如玉的玉泉池而闻名。山以水名，故称玉泉山。静明园坐落在玉泉山，清康熙十九年（1680 年），在金、元、明原有的行宫、寺庙的遗址上进行改建，命名"澄新园"。康熙三十一年（1692 年）更名为静明园。清乾隆十五年（1750 年），对静明园进行了大规模扩建，范围包括玉泉山及其山麓河湖地带，面积约 65 公顷。乾隆十八年

（1753 年）弘历为该十六处风景以四字命名，后又以三字命名十六处，共三十二景。1860 年遭英法联军焚毁，现为某机关用地，是市级文物保护单位。

静宜园，位于香山，乾隆十年（1745 年）在康熙香山行宫基础上扩建而成。乾隆为该园亲题二十八景。乾隆皇帝扩建香山静宜园后，曾两次在香山寺内设三班九老宴。第一次在乾隆二十六年（1761 年），为庆祝皇太后七十诞辰。第二次在乾隆三十六年（1771 年），为庆祝皇太后八十寿辰，可见乾隆对此园之感情。1860 年，英法联军一把火把静宜园内大部分建筑物化为灰烬。直到清末，园内呈现一片败落景象，连几万株松树也被砍伐殆尽。1949 年以来，香山公园经过大规模的修整，已成为一处富有诗情画意的游览胜地，尤其秋天红叶季节，此时漫山遍野火红，似天然织锦，蔚为壮观。

万寿山、玉泉山、香山，并称西郊三山。万寿山原名瓮山，海拔高 108.94 米，乾隆十六年更名万寿山。玉泉山主峰 100 米，主峰上的玉峰塔，既是全园的制高点，也是颐和园借景的主要对象。香山最高峰海拔 557 米，俗称"鬼见愁",是北京市民爬山健身的好去处,既是森林公园,又是皇家园林。香山脚下有清代健锐营的营房,是乾隆十三年(1748年)清高宗弘历为了平定四川金川,专门从前锋护军中选拔勇健者2000人驻在此处,操习云梯,演练攻碉。现在此处还有供皇帝检阅练兵而设的团城、阅武楼、石碉、校场等古迹可供参观。

圆明园八旗、内务府三旗护军营合称为圆明园护军营。圆明园是康熙十八年(1709年)康熙帝赐给其四子胤禛的,雍正元年(1723年)胤禛即位后,着手扩建圆明园,并遵从康熙旧制,每年在西郊园林内处理朝政、居住达七八个月,使圆明园成了除紫禁城外的第二个政治中心。为了圆明园的安全,雍正二年(1724年)从京城满、蒙八旗护军中挑选兵丁组织圆明园八旗,按八旗方位环圆明园进行驻扎。因圆明园八旗在外三营中年代最早,因此称其为老营房。

蓝靛厂外火器营是乾隆三十八年(1773年)从城内火器营分出来的,驻扎在长河西岸。外火器营的营房呈船形,有营门、营墙和护墙沟,是一个独立的小城。外火器营的南门外靠西是圆明园

八旗中的镶蓝旗营房，相对火器营来讲
是破旧的，因此当地有"鲜酒活鱼的蓝
靛厂，死猫烂狗的老营房"一说。

踏歌寻典

蓝靛厂，像条船

蓝靛厂，像条船，
过河就是万柳园；
万柳园，风景好，
六郎庄的姑娘不裹脚
不缠脚，二龙闸，
圆明园里抓蛤蟆；
抓蛤蟆，向西瞅，
青龙桥上走一走。
走一走，红山口，
望儿山上看河柳，
看河柳，到温泉，
皇上求雨黑龙潭。

蓝靛厂，像条船。蓝靛厂是自昆明湖流向玉渊潭和紫竹院昆玉河（旧称长河，今称京密引水渠）西侧的一个古镇，历史上因生产蓝靛而出名；像条船是指蓝靛厂镇北面的外火器营平面布局呈船形。蓝靛厂镇距西直门7公里，内有明万历三十六年（1608年）建的护国洪慈宫，后改广仁宫，俗称西顶庙，是京西一大名胜。外火器营建于乾隆三十八年

(1773年)，是清代京旗外三营满蒙八旗兵丁驻军的地方。因外火器营的南门外大街正是蓝靛厂镇的主街道，二者有机联在一起，所以人们往往把二者联称，指的一个地方。现在蓝靛厂属四季青乡，外火器营属紫竹院街道办事处。外火器营的营房是一个经过认真设计而建的、一个独立的、带有营墙和门楼的营房驻地。因此，此路谣有的第一句是"蓝靛厂，四角方，宫门对着六郎庄。"传说清代皇帝经常乘船去圆明园，认为船形风水好，有利皇朝永固，所以在此建八旗营房，并特命把营房建成船形。这艘"船"头向东南，尾向西北。在建营房时，东南角有一座庙，庙内有一根又高又大的旗杆，如同桅杆；西北角凸出部分又像船舵。东北角墙外有一块石碑，上面刻有乾隆皇帝的题诗，如同船的铁锚。跨在昆玉河上通向蓝靛厂的桥叫长春桥，传说因乾隆皇帝自称长春居士而来；跨河而过的北四环路立交桥叫外火器营桥，因其东南就是昔日外火器营的营房，现在是著名的满族蒙古族聚居区。外火器营因有大量神奇的民间故事和有独特的民族风情而闻名。

六郎庄。旧日，长河东岸建有大堤，

六郎庄与外火器营隔河相望。六郎庄所出稻米称京西稻，所产荸荠是宫中供品，均很有名。采荸荠时要赤足下水，是当地妇女的传统农活。由于生产的需要，又因为处在满族人聚居的地方，所以这里的汉族妇女自小不缠脚，是天足。旧日北京有个歇后语："六郎庄的姑娘——大手大脚。"六郎庄古称"牛栏庄"。自从外三营——圆明园八旗、健锐营八旗、外火器营八旗在此安营驻兵后，八旗子弟没有战事时以说书吟曲为乐，把周边的地名都牵强附会地编出许多故事来。八旗子弟是清朝的兵，文化虽不高，编造能力极强。他们崇拜与辽军作战的杨家将，因为女真人当年也是打败辽朝才到北京建金中都的，杨家将自然也就成了女真人（满族前身）的同盟军。当地汉族人对满族人进关当皇帝敢怒不敢言，只好把讲反抗异族侵略的杨家将故事当成感情发泄的方式。在讲杨家将故事这一点上当地汉族人和驻军的八旗兵找到了共同点，故事越编越多。如，把德胜门外的北沙滩、南沙滩说是"沙滩会"；挂甲屯来源于杨六郎在此挂甲；望儿山是佘太君看杨六郎打仗……在这种情况下，"牛栏庄"被当地公认为是"六郎庄"，是当年杨六郎驻军的地方。慈禧太后从长河乘船经过这里，下旨把"六郎庄"更名吉祥庄，但是没行开，因为此名太深入人心了，已成当地人地方荣誉感的理由。

圆明园里抓蛤蟆。这首歌谣中的圆明园，是指的京旗外三营中的圆明园护军营。圆明园在康熙十八年（1709 年）清圣祖玄烨赐给其四子胤禛，雍正元年（1723 年）胤禛继位后，着手扩建圆明园，并遵从康熙旧制，每年在圆明园处理朝政、居住达七八个月，使该园成了除紫禁城外的第二个政治中心。为了安全，雍正二年（1724 年），雍正帝决定建立圆明园八旗护军营，选拔京城八旗满、蒙护军驻扎，专门拱卫圆明园。八旗环圆明园驻扎，左翼四旗，镶黄旗营房坐落在树村西边，正白旗营房坐落在树村东边，镶白旗营房坐落在水磨村东北处，正蓝旗营房坐落在保福寺正北里许处。右翼四旗，正黄旗营房坐落在肖家河北岸，正红旗营房坐落在安河桥北边，镶红旗营房坐落在董四墓村正南处，镶蓝旗营房坐落在蓝靛厂大街之西。1860 年，英法联军火烧了圆明园，昔日辉煌景色变成了一堆废墟。圆明园八旗护兵也成了无园可护的闲散，营房破落，成了可以"抓蛤蟆"的非工非农非兵的贫民区。

青龙桥。该桥在颐和园北宫门外西边，是一座单孔拱桥。据王同祯同志著《北京的桥》一书中说："关于青龙桥名称的来历，民间有这样的传说：真正老的青龙桥不是现在大家看到的这座桥，而是位于桥西北方百米处北旱河南岸上。过去北旱河南岸有一片坟地，叫左家坟，有一天乾隆爷走到这里，看到坟头上冒出一股青烟，乾隆爷问左右这是怎么回事，一个太监凑在乾隆爷身边嘀咕了几句，乾隆爷面带怒色离开这里。过了几天，太监带了许多人在坟东挖了一条河，犹如一条青龙南北而卧，水从南而北流入北旱河，在旱河南岸入口处修建了一座桥，就像一把斩龙箭插在龙脖子上，竣工后太监还骂了一句：'叫你冒青烟！'以后人们把这座桥叫青龙桥。"当然这只是传说，实际上此桥原建于明宣德年间（1426年~1435年）。该桥有名还因为其上游历史上曾有一座青龙闸，该闸可调剂进入昆明湖的水量。平日，水进昆明湖，一旦西山山洪暴发，可开闸放水，从清河导入北运河。自有此闸，昆明湖水一直平稳。1965 年修建京密引水渠时，另在青龙桥东北建了安河闸，青龙闸才完成历史使命。

望儿山。是百望山的俗称。《日下旧闻考》卷一百六："百望山南阻西湖，北通燕平，背而去看百里犹见其峰，故曰百望。"经青龙桥沿京密引水渠向西再向北，与五环路交叉处叫红山口，再向北是黑山扈，西侧就是望儿山。望儿山的得名是由于山顶上有一块大方石，上面有一双脚印，据民间传说是杨家将中的佘太君，为了思念失踪在辽国的杨四郎而登高盼望，也有的说是登高看杨六郎打仗，总之是母亲因思儿日久天长而留下的脚印。山下的村庄也因之叫东北旺（望）和西北旺（望）。望儿山是太行山向东面平原伸出的第一峰，是太行山的前哨，孤峰峭立，在京西十分显著。该山林木葱郁，风光优美，海拔 210 米。现在已建成百望山森林公园，面积 170 公顷。山上原有佘太君望儿庙，正殿三间，现已重修。登上望儿山顶，东南可见北京城、北可望明陵、西看西山。此处还有与佘太君望儿传说有关的下马桥、教子台等古迹，望儿山下是京密引水渠，昔日柳树成行，今也树木成林，景色可人。

黑龙潭，百望山向西，冷泉村北有黑龙潭及龙王庙。据《帝京景物略》记载，"黑龙潭在金山口北，依岗有龙王庙，碧殿丹垣。廊前为潭，土人云有黑龙潜其中，故名黑龙潭。"有关黑龙潭的传说故事非常多，流传也很广，因为在古代，黑龙潭的水势非常平稳，大旱之年，别处的水都干了，这里的水也不涸。因此，早在明成化二十二年（1464年），万历十四年（1586年）重修，清代康熙二十年（1681年）重建。乾隆三年（1738年）封龙神为昭灵沛泽龙王之神。龙王庙坐西朝东，建筑在绿树掩映中。庙宇虽然不大，但很有气派。皇帝经常来这里祈雨，仪式非常隆重，所以黑龙潭旁原建有行宫。据清代李虹若在《朝市丛载》一书"光绪十三年岁次丁亥祭祀斋戒日期"中记载"二月社日祭黑龙潭、玉泉山龙神祠、昆明湖龙神祠。……八月二十日祭黑龙潭、玉泉山龙神祠、昆明湖龙神祠。"一年两次列入皇家祭典之中，可见黑龙潭之重要性。每次祈雨仪式都十分隆重，皇帝不来，也要请王公大臣代祭，届时这里要举行各种娱神的戏会，当地农民演出小车会、高跷会，也有远道而来的花会前来助兴，有时还请来著名的戏班到此演出。黑龙潭祈雨，旧日是京城闻名的活动，影响久远。现黑龙潭周围建起了疗养院和培训中心，但庙仍在，只是潭中的水再不是深不见底而是有时亮底了。

鲜酒活鱼蓝靛厂

鲜酒活鱼蓝靛厂，
死猫烂狗老营房，
扳不倒的黄庄井，
看不够的八里庄。

蓝靛厂。此处蓝靛厂主要是指外火器营八旗营房，它不同于圆明园八旗和香山健锐营八旗分散设置，而是如同一座城堡，将营房建在了一起。营门每日按时开启，营内道路用三合土夯实，非常平坦。大路两旁，种植国槐，营内还修五条横街，将各旗营区相隔开，中间横街贯通东西营门。另外还辟南北两条大街，几十条小胡同。外火器营的东门外紧傍长河，河边按二柳夹一桃种植树木，所以有个小曲的歌词首句是："桃叶尖上尖，柳叶青满天。"西门外是演武校场，有花岗岩石通道一条，名曰御路。营房中有六座关帝庙，还供奉"桃花姑姑"神像和马王神像。站在长河边，向北可看到颐和园的佛香阁，向南可看到八里庄的塔。向西北可看到玉泉山，当地有谣谚"棒槌倒，蛤蟆跑，城门楼上挂杂草。"因传说玉泉山的玉峰塔下是一海眼，一旦没了此镇物就会发水，长河上所有闸一打开，北京城就被淹了。实际上，颐和园北有青龙闸，一旦山水下来还可从清河分流进温榆河，水流不进北京城。外火器的人讲究在蓝靛厂镇上买一壶好酒，在河边上架一小锅，下放干柴将水煮沸，持竿垂钓，钓上的鱼随时下锅煮熟就酒，因此有"鲜酒活鱼蓝靛厂"的美誉。

老营房，系指圆明园镶蓝旗营房。圆明园八旗建于雍正二年（1724年），健锐营建于乾隆十一年（1746年），外火器营建于乾隆三十五年，所以蓝靛厂地区把圆明园的镶蓝旗叫老营房，它比外火器营早建42年。圆明园护军镶蓝旗营房坐落在蓝靛厂大街西侧，东有广仁宫，俗称娘娘庙，再向东就到了清水河（长河）畔护国立马关帝庙，北有外火器营，西有长家万村，俗称"缠脚湾"，南有石佛寺、正福寺。镶蓝旗的营区呈椭圆形状，南北有两座营门，布局像一顶纱帽。传说该营房为了方便交通，先在营区西南开一小门，名曰"咔啦门"，后又在东南开一小门，名"啊斯门"。自从开了啊斯门后，该营房旗户得病甚多，请来堪舆先生一看，说："该营房不是带双翅的乌纱帽，而是有头有尾的凤凰鸟，咔啦门剪了凤凰的尾，啊斯门捅了凤凰的脖。营房生气岂有不败之理。"堪舆先生之话不可相信，但圆明园八旗在京旗外三营中颓败速度最快是显而易见的。1860年英法联军火烧圆明园后，到同治、光绪年间，圆明园八旗护军奉命进行清理。1900年八国联军再次践踏圆明园后，清廷再也无力修复圆明园，圆明园八旗护军成了无园可保、无岗可守的散杂，青壮年只好离开本营应召参加北苑和西苑的新军，昔日保卫皇家园林的军营成了"死猫烂狗的老营房"了。老营房也出了文艺界名人，那就是著名电影作曲家雷振邦先生。

扳井与黄庄。这里讲的黄庄不是海淀中关村的黄庄，是四季青镇的黄庄，在老营房的南边，外火器营满洲八旗营地所在地。传说道光年间外火器营出了两位奇人，一位是智力超人的灵观塔，一位是力可摧山的富二爷。有一天，他们到坟地祭祖归来，辩论是力气大管用还是脑子好管用。富二爷说："世上总有人想不到的事。"灵观塔说："对，但是五里之内也有扳不倒的杆。"富二爷不相信，认为凡是人建立的东西，人都可以扳倒，因为外火器营正红旗的关帝庙的旗杆，他可以一口气拔出来又插回地里。灵观塔说："那好，你把黄庄的三眼井扳倒吧！"一句话，把富二爷问傻了，井怎么扳倒？扳不倒！从此，富二爷逢人便说，人的力气有限，人的心力是无限的。从此留下这么一句歇后语："大力神要扳黄庄的井——无从下手。"

八里庄。此谣说的八里庄是指八里庄塔。《日下旧闻考》卷九十七："慈寿寺去阜成门八里……一塔耸出云汉，四壁金刚像如生。"蓝靛厂有首歌谣："八里庄的塔，磴呀磴磴高，石佛寺的和尚赛老猫，定慧寺的大殿过山腰。"八里庄塔名永安万寿塔，是一座八角十三层密檐式实心塔，高约 50 米，由于四周空旷，在很远的地方就能看到，是阜成门外重要的地理标志，昆玉河上重要的景观。该塔建于明万历四年（1576 年），整座塔挺拔秀丽，砖雕精美，为明代密檐塔的代表作。塔在慈寿寺内，寺毁塔存，长期自然开放，成为蓝靛厂人们踏青觅古之地。从老营房一直向南走，路东第一座庙叫石佛寺，因庙内有一满族和尚，出家不剃胡子，而且吃荤不忌口，所以说他"赛老猫"。再向南走，罗道庄村有一座定慧寺，寺后原来有一座小山，只有二层房那么高，所以"定慧寺大殿过山腰"。这座庙的门额及天王殿皆康熙皇帝御书。这一串古迹均在蓝靛厂的南方，路不远，风光极好。平日站在河边向南看就可见到八里庄塔，走到近处看，塔身上有 40 个小龛，刻有 200 多个人物，还有泥塑的金刚力士像，耐人琢磨。所以当地人说："看不够的八里庄塔，玩不腻的十里清水河"。难怪人们都说：京西风景好！

外火器营

火器营，修得方，
隔河对着六郎庄。
六郎庄，两头尖，
隔墙就是万寿山。
金山银山玉泉山，
健锐营跑马跑得欢。
说香山，道香山，
山后就是白家疃。

隔河：此河名长河，又叫清水河，
昆玉河水上游览线，地图上又标名是京
密引水渠。为什么一条河有如此多名字
呢？因为它对于北京城来说，实在太重
要了。长河，是一条早在元以前疏挖的
引玉泉山水经高梁河进城的水道，两岸
都修有堤防。长河非常有名，虽然全长
仅15公里，但它一直是向北京城市供水
的主要水道。历史上它曾起过重大作用：
给大运河补充水源，把上百万担粮食运
进京城；灌溉京城西北郊大面积稻田和
粮菜作物；它还是历代帝王后妃们去西
郊风景区游览的水运航道；它也给城里
的皇家园林、市容环境增添了风光。旧

踏歌寻典

日，长河两岸均修有大堤，外火器营和六郎庄隔河相望，从长春桥沿长河北走，只有一道独木桥可以过河，其他地方要乘摆渡。现在，从玉渊潭南侧的八一湖登船，沿京密引水渠昆玉河水上游览线北上，一直可以到颐和园北门；由颐和园北门也可乘船回八一湖或者经长河水上游览线经紫竹院公园后身和动物园后身到北京展览馆后河上岸。古老的长河恢复青春，蓝靛厂和六郎庄是水上游览线的重要观光点，清水河的名字也是名声远扬，那是由于清末一首描写奚小六和松大莲一对青年男女爱情悲剧的小调"叹清水河"而传开的。此小调传播甚广，许多人是从这首小调中才知道"京西蓝靛厂"的。

万寿山：在颐和园内。为西山余脉，高 58.59 米，曾称金山，古称瓮山。《日下旧闻考·国朝苑囿》内载："瓮山，相传有老父凿得石瓮，上有华虫雕刻文，中有物数十种，悉为老父携去，置瓮于山之西，留谶曰：'石瓮徙，贫帝里'，人不之信也。嘉靖初，瓮不知所存，嗣是物力渐耗。"说明瓮山得名于这一传说。瓮山前有湖名瓮山泊。明代在此建圆静寺。清代乾隆十四年（1749 年）为了解决大运河漕运用水，乾隆下令整修瓮山泊，加大容水量，使其成为一个调剂水量的蓄水湖。在疏浚湖泊时他又考虑到建设风景，把开发水利与建设园林两个目的有机地结合起来。乾隆下令把瓮山泊挖成一个寿桃形，以庆祝其母60诞辰。把挖湖的土堆到山上，使山的两侧对称舒缓。利用明圆静寺旧址建大报恩延寿寺，将瓮山改名万寿山，瓮山泊改名昆明湖。依山而建的佛香阁建筑群使这里成为全园的主体，保留了明代龙王庙使其成为湖心岛，并从龙王庙迤东建十七孔桥与东岸连接。昆明湖建成后，与万寿山建筑群交相辉映，不仅收到了增加漕运水量、灌溉六郎庄一带稻田的效益，而且颐和园这一中国皇家园林经典之作，成为世界人类文化宝贵遗产之一。

健锐营：京旗外三营之一，乾隆十四年（1749年）组建，全营共有3000多户，约1.5万人，均由京城满洲八旗和蒙古八旗兵中挑选迁入。先后共盖营房9000多间，以香山静宜园宫门外的健锐营衙门（印房）为中心，将八旗分成左右两翼：左翼为镶黄、正白、镶白、正蓝四旗，依次由静宜园北山南麓西东走向至娘娘府；右翼为正黄、正红、镶红、镶蓝四旗，依次由静宜园西山东麓北南走向至魏家村。健锐营八旗既是一个带家眷的兵营，又是一个由8个小村庄构成的大村寨，现存文物古迹比较多。健锐营有为了平定大金川叛乱，让参征队伍操练攻打碉堡技术的67座石碉楼，有纪念此次战役的实胜寺。现寺已不存，只留一座碑亭，碑文记述了平定大小金川的经过及实胜寺的沿革。有团城演武厅，该建筑类似一座古老城池的缩影，远远望去，椭圆形的城池，矗立在万木丛中，十分壮观。团城南侧建有演武厅五间，绿琉璃瓦黄剪边，前面砌有宽大月台，是乾隆皇帝检阅八旗兵的地方。厅南是演兵场，左侧有放马黄城。操练骑马技术是阅兵重要项目，也是飞虎云梯健锐营平日操练的内容。团城演武厅于1979年公布为北京市文物保护单位。

白家疃：香山的北侧，属温泉乡。白家疃东有百望山，西有大觉寺，南有静宜园（香山），北有稻香湖，是个依山靠河风光秀丽的地方。据传白家疃村来源于一个民间故事，很久以前村中有个民间艺人叫张忠，善于剪纸，百里闻名。他的妻子辛月娥非常美貌，被狼岗山下恶霸强抢走。张忠对着显龙山发下大愿，借天兵天将为其报仇血冤。张忠一夜之间用白纸剪出兵将一万，龙王显圣使白纸变天兵夺回了妻子，并把恶霸囚禁在憋死猫山间。人们为张忠除霸感到高兴，把村名定为白纸疃，后来叫成白家疃。清雍正年间在白家疃村西建怡贤亲王允祥祠，贤王祠西北处有一座双孔石板桥，由四块花岗岩石搭建而成，传说《红楼梦》小说作者曹雪芹晚年曾居住在石桥附近，与一位姓白的老太太住在几间茅屋中，过着十分清苦的生活。如今，桥下已无水，昔日小溪成了道路。

一溜边山府

一溜边山府，
七十二座坟，
京西多古墓，
安息皆名人。

　　一溜边山府，系指海淀区从玉泉山北面的金山往西到香山脚下，这里是山地与平原交接之处，是历代帝王遗胄、骚人墨客涉足游憩的佳境，向来被称为"风水宝地"。墓葬是一种复杂的社会文化现象，古人选墓址时要看风水，认为对先人墓地选址的好坏与吉凶，直接影响到后代的家族兴衰，如果墓地风水好，会给子孙带来运气，否则就要倒运，家道败落。古人认为最好的墓地选址应该是左有流水谓之青龙，右有长道谓之白虎，前有污池谓之朱雀，后有丘陵谓之玄武。而海淀这"一溜边山"坐北朝南，前照后靠，非常符合这一堪舆要求，所以在我国农耕文明时期的隆丧厚葬习俗的影响下，这里很自然地成为帝王后妃、皇亲勋戚、太监官吏及名士名人死后丧葬的理想处所。这里讲的"府"是对封建王侯墓地的吉称，如娘娘府、四王府、杰王府、西小府等。据张宝章、严宽所著《京西名墓》一书中记载：仅明代的皇族男女就有158人的坟墓，其嫔妃有的是1人一墓，也有13人或9人一墓的，根据各代的规定不同而有差异。这里有一座明景泰陵，埋葬着明代宗朱祁钰。因为他是当其兄明英宗朱祁镇在"土木堡之变"被也先军俘虏后由于谦等拥戴即位的，但朱祁镇回京后又推翻了他的帝位，朱祁钰死后按亲王礼葬于金山。后来又被明宪宗平了反，王爷坟扩建成皇陵，成了"十三陵外又一陵"。

七十二座坟并非确定就是72座坟墓，"七十二"是个吉祥数，泛指多的意思。古人认为一生二、二生三、三生万物，凡是三的倍数都是吉利的。尤其是对三、九、十八、三十六、七十二、一〇八更为钟爱。这里讲的七十二，就如同《西游记》中说孙悟空有七十二变一样，不必列出那七十二项，而是非常多的意思。如果前面说的"府"从地名上主要指明朝，那么这七十二坟主要指清朝。清代的十位皇帝和他们的皇后妃嫔（溥仪除外）都埋葬在河北遵化马兰峪的清东陵和易县永宁山下的清西陵。但是那些声名显赫的王爷——从"八大铁帽王"之一的礼亲王代善及历代礼亲王，包括瑞怀亲王绵忻和历代瑞王、醇贤亲王奕澴、孚敬郡王奕澺，直到建国后才去世的清代监国摄政王载沣，都埋葬在西山脚下。据1991年出版的《海淀区地名志》登载，海淀区以坟墓命名的村名有52处之多，如九王坟、双贝子坟、黄带子坟、公主坟、牛碌坟、铁家坟等，绝大部分均在西山脚下。

京西多古墓，是流传已久的说法。最有名的古墓是位于颐和园昆明湖东岸的元代耶律楚材坟。耶律楚材生于1190年，终于1244年，是契丹族开国皇帝耶律阿保机的九世孙。他出生时辽代早已被金朝推翻，金章宗完颜璟主持朝政，人民生活比较安定，又由于他出身于一个深受汉族文化和儒家思想影响的封建士大夫家庭，所以他能博览群书，有坚实的儒学基础。1215年，蒙古军围破金中都，成吉思汗在燕京求访辽朝旧族，得金左右司员外郎耶律楚材等人。自投奔成吉思汗后，在风云变幻的30年中，他当了15年中书今（丞相），凡国家大事，都参与决策。在老北京的百姓心中，耶律楚材是北京人的救命恩人，传说他劝阻了元太宗窝阔台对燕京屠城的主张。历史上的耶律楚材也确实向以游牧为业的蒙古统治者介绍了汉族地主阶级的统治经验，保护了中原的农业经济和先进文化，维护了祖国统一，为元代的中央集权制度奠定了基础。金代从中都迁都到汴梁（开封），与元军长期抵抗，造成元军很大伤亡，当元军攻下汴梁后，元太宗要坚持"对顽固抵抗的守城军民必须全部杀掉"的旧制，经耶律楚材讲："奇巧之工，厚藏之家，皆萃于此，若尽杀之，将无所获。"太宗接受了楚材的意见，从而避免了一次屠城惨案。在燕京，他也是以"济世安民"为原则，打击了元朝官僚富豪子弟杀人越货、掠夺财物的恶行，维护了社会安定。耶律楚材坟在耶律楚材祠院内，前来颐和园的游人可来这里参观凭吊。耶律楚材坟能保留到今天，与清乾隆皇帝对其保护并建祠堂、立碑纪念有关。

北京市沿西山脚下，在民国时期以至中华人民共和国建国后，京西的坟墓虽然日益增多，但分散的坟墓较少，主要集中在八宝山革命公墓、万安公墓、福田公墓以及一些新建的公墓中。八宝山革命公墓建立于 1950 年，占地 150

亩，主要安放我国已故党和国家领导人、民主党派领导人、爱国民主人士、著名科学家、文学艺术家、高级工程技术人员、革命烈士、国际友人及建国初期逝世的县团级以上领导干部的遗体和骨灰。革命公墓中央建立了骨灰堂，既有林伯渠、董必武、朱德等领导人的骨灰，也有著名作家老舍先生那只没有骨灰的骨灰盒。万安公墓位于海淀区香山万安里1号，创办于1930年，公墓内有"李大钊烈士陵园"。福田公墓位于石景山福田寺，1938年创建。在西山脚下还有香山脚下正黄旗1号的金山陵园、海淀温泉乡温泉墓园等。西山脚下的三大公墓以及香山碧云寺孙中山先生衣冠冢、"三·一八"烈士公墓、滦州辛亥革命先烈纪念园等，现在是进行爱国主义教育好地方，也是凭吊先贤的好去处。

西山八大处风景歌

翠微平坡卢师山，
长安灵光三山庵，
大悲龙泉香界寺，
宝珠证果十二观。

翠微、平坡、卢师是八大处公园三座山的名字。八大处公园，位于北京石景山区翠微山南麓，方圆 300 公顷，由翠微、平坡、卢师三山半环而立形成的景区。这里素有"三山、八刹、十二景"之说，此歌的第一句系指三山的名字。八大处是市级重点文物保护单位。

长安，即一处长安寺，又名善应寺，位于翠微山虎头峰脚下。始建于明弘治十七年（1504 年），清康熙十年（1671 年）重修。该寺为两进四合院，前院主体建筑是释迦牟尼殿，后院是娘娘殿。寺后山坡上种有千株杏树，每到春天杏花开放，形成"春山杏林"绚丽景观。

灵光，二处灵光寺。该寺始建于唐大历晚期（776～779 年），初名龙泉寺。金大定二年（1162 年）重修，更名觉山寺。经多次重修后，明成化十四年

（1478 年）定为今名。该寺分南北两院，南院以古老的金鱼池见称，北院以佛牙舍利塔闻名。佛牙塔为中国佛教协会1957 年建立，塔高 51 米，八角十三层密檐式，塔内有佛牙舍利堂，堂内以金塔供奉佛牙舍利。

三山庵，是第三处，因其位置在翠微、平坡、卢师三山之间而得名，俗称麻家庵。该庵始建于金代，清乾隆年间重新修缮，是个独立的四合院。正殿前有一长方形的"水云石"，上面有自然形成的流水行云般的花纹。这块石头干时看不出有什么特别之处，一旦用水一冲，可以清楚地看出奇花异草、山水虫鱼、鸟兽人物……堪称山中一绝。

大悲寺，是第四处，位于三山庵西北的密林深处。该寺旧称隐寂寺，始建于元代，山门上悬有康熙御书"敕建大悲寺"匾额，为康熙五十一年（1712年）赐。该寺面向东，有殿三进，依平坡山的山势而建。一层大殿供奉释迦牟尼、右阿弥陀佛、左药师佛，合称三世佛。两厢为十八罗汉，体态生动，面容传神，相传为元末著名雕塑家刘元用檀香末拌和香沙塑成，是北京市现存佛像中的珍品。

龙泉庵，又名龙王堂，是八大处第五处。该庵始建于明洪熙元年（1425年），重葺于清康熙十一年（1672年），后经重修，有上中下五层院落，以古柏和山泉闻名。据地质学家说：地处火山岩层，经火无陈腐杂质，并含有多种有益于人体物质，泡出茶来香甜爽口并益寿延年。公园为服务游人，在此办起了"龙泉茶社"，许多游客为此慕名而来，兴高采烈地品茗寻泉。

香界寺，是第六处，八大处最大的一座寺院。因坐落在平坡山顶，唐朝时叫平坡寺，明朝改为大圆通寺，清康熙十七年（1678年）重建时改名感应寺，乾隆十三年（1748年）加以修缮并更名为香界寺，取香林法界之意。该寺从山门殿至藏经楼依山势顺坡而建，有石阶120余层。在第三层为大雄宝殿，殿前有娑罗树两株及明代白玉兰一株，是八大处珍稀植物。天王殿西侧有一通清康熙年间出土的唐碑，碑上雕刻着"大悲菩萨自传真像"，画面是位蓄有胡须的男性佛像，北京地区少见。

宝珠洞，是第七处，也是最高的一处。此寺建在平坡山顶上，门前有一座彩绘牌坊，上面有清乾隆御笔赐额"欢喜地"、"坚固林"。宝珠洞有二处著名景观，一是玉皇殿后的宝珠洞，原洞内有一位肉身泥佛，据说是香界寺巡山和尚海岫在此坐化，由于他死后尸首正冲着故宫，乾隆称他为鬼王，并在洞前盖起玉皇殿，以免妨碍太和殿的风水；二是眺望亭，凭崖而建，有"京城小泰山"之称，可以远望昆明湖碧波荡漾，近见飞机场银鸢起落，北京气象万千的建设景象尽收眼底，令人心旷神怡。

证果寺，八大处第八处，位于卢师山上，与其余七处隔山相望。该寺始建于隋仁寿（601—604 年）年间，初名尸陀林，为全山历史最悠久的一处寺院。寺坐北朝南，有殿宇前后二进，主殿为释迦牟尼殿。殿后西北，有一处充满神秘色彩的秘魔崖。这是一块从半山腰伸出的巨岩，上刻有"天然幽谷"四字。巨岩覆盖 10 多平方米，形成天然石屋，旁边还有"真武洞"、"招止亭"等古迹。

十二观，即八大处十二景：绝顶远眺、春山杏林、翠峰云断、卢师夕照、烟雨鹃声、五桥夜月、水谷流泉、虎峰叠翠、深秋红叶、高林晓日、雨后山洪、层峦晴雪。

门头沟—平则门（一）

遭灾年，粒不收，
逃荒来到门头沟。
门头沟，叫人愁，
有钱财的是窑头。
不背煤，就要饭，
过河来到三家店。
三家店，打个穿儿，
好容易才上了石景山。

门头沟。区政府距市中心 25 公里，全区总面积 1455 平方公里，其中山区面积占 98.5%。地势西北高，东南低，平均海拔 760 米。主要河流有永定河及其支流清水河。门头沟区有丰富的自然资源和矿产资源，还有迷人的旅游资源。门头沟是北京煤炭的主要产区，早在辽代就得到了开发和利用。意大利著名旅行家马可·波罗 1298 年第一次向全世界披露了中国元大都煤炭开采和使用的盛况，引起欧洲对煤炭能源的重视。门头沟的煤矿是"京都一盆炭"，为北京的发展作出了巨大的历史贡献。以前煤矿工人的生活又是十分艰苦的，"吃阳间的饭，干阴间的活"，"四块石头夹一块肉"，是矿工生活的真实写照。过去有句俗语："家有半碗粥，不上门头沟。"门头沟的窑工大部分是外地来的破产农民，他们在家遇到灾年，连半碗粥都喝不上了，所以要到门头沟来走窑谋生，窑工生活虽然危险辛苦，但也是最后的谋生手段。

窑头是对煤窑产权人和管理人的统称。京西煤窑的生产组织由以下几种人组成：窑主：又称为"开窑的"，即煤窑产权所有人，民国之后改称"经理"。山主：煤窑所在地的土地产权人，并不参加煤窑的经营管理，仅以土地入股分红利。总管：窑主聘用的煤窑总管理人，负责全窑的生产经营事务。正账：即账房先生，副手叫帮账，主管财务往来。勒制子：又称内称，负责计算产煤量。号码子：对每个窑工运上来的煤进行计数，窑工凭计量条到账房领工钱。作头：是煤炭生产技术负责人，又叫"老把式"。上面讲的七种人均是管理人员或专业人员，下面讲的是直接下窑的各工种。掌头："掌"是指掌子面，是一个工作面的生产领班。打碰的：指刨煤工。走带筐：作头手下的杂工，负责修棚架，修工具等杂活。拉煤的：从井下把煤运出地面。蹬车的、牵牛的：负责通风的工人。水工头：负责排水的。场面头：负责组织煤窑场（地面）上生产、生活、后勤的人。窑工生活虽苦，但下窑就能挣钱，养家糊口，他们说："有女嫁窑黑儿，好坏衣裳有两身儿，吃油吃油底儿，烧煤烧煤芯儿。"而开窑的人和在窑上掌事的人，生活均比较富裕，出了很多大财主。

三家店。不背煤，就要饭，从门头沟去北京城的人，尤其是进平则门（阜成门）的人，绝大多数是运煤的人。除了运煤的，还有进城卖炭、杏仁、核桃等土特产品的。此首路谣讲的是从门头沟城子煤矿到平则门沿途地名。三家店村在门头沟永定河的出山口，因历史上这里曾有三家客店而得名，早在辽代就已形成村落。明清以来这里是"西山大路"（北道）的起点。由三家店背东西进城有一句老话："手拿丁拐身背定，进城往返要七天。"条件好的可以畜代步，骑驴、骑马、雇骡车。三家店村落庞大，四里长街上布满大大小小的150座店铺、煤厂。各种商品自京城由此转往深山区，深山区煤炭大部分在此屯集，送往京城。

自乾隆时期形成商业发达的集镇，兴盛了 200 多年。村中古迹颇多，有三官庙、马王庙、二郎庙、山西会馆、白衣观音庵、树神庙、太清观、关帝庙、铁锚寺、天利煤厂（殷家大院）等，大部以琉璃瓦装修，建造十分精良。现村中尚存建于明代的二郎庙，只可惜原享誉京西的塑于乾隆年间的九尊五彩娘娘像于 20 世纪 70 年代被毁，这一艺术珍品只能留在回忆中了。

石景山。是门头沟通往城里的重要乡镇，历史上以养骆驼多而闻名。建国前北京有很多骆驼，养骆驼的驼户遍布京西，东到阜成门，西到永定河，北到玉泉山，南到卢沟桥，几乎村村户户都养骆驼。石景山养骆驼最多，其中又以衙门口、北辛安、模式口、麻峪等地最有名。最多的村庄有骆驼 1000 多头，最多的人家养 20 多把，如果按每把 7 头计算，一家养骆驼就是 140 多头。赶骆驼的喜欢起早，那时，北京城门开得很晚，运货的骆驼常常在城外排出十几里远，静静伫立等待，宛若一道长城，威武壮观。门头沟盛产一黑一白，即煤和石灰，主要靠骆驼向城内运送。每头骆驼远途可驮四百斤，近途可到八百斤。石景山拉骆驼的有两类：一类专门运输，把门头沟来的货从石景山驮到城里煤厂和灰厂，光挣脚钱，这叫驮脚的；另一类是自己买来货物，驮到城里沿街售卖，天色已晚把未卖掉的煤块给煤铺，石灰给灰铺，但价格要比直接卖给客户便宜。石景山在旧日是京西货物的集散地，也是重要交通枢纽。

踏歌寻典

门头沟—平则门（二）

石景山，往前走，
那儿就是磨石口。
磨石口，响叮当，
前边就到八里庄。
八里庄，走大道，
头里就是马神庙。

磨石口。现名模式口，古称磨石口，因盛产磨石而得名。也有学者认为，磨石口是燕国磨石宫所在地，因"磨室"谐音成磨石，又因靠山口而得名。民国时期取其谐音为模式口。此地古代是京西重镇，西山的煤炭、木石，均经过这里入京。《光绪顺天府·地理志》载："（蓟县）西北三十五里，磨石口镇，千总驻焉。"由此证明，明清之时，此村就是镇级行政聚落，且派千总加以镇守。村子原有围墙环绕，沿街并有三个门洞，门上为谯楼，有军士把守。现门洞均已圮毁，惟留部分墙基。模式口村古迹甚多，较重要的有法海寺、龙泉寺、承恩寺、慈祥庵、田义墓、海藏寺和第四纪冰川擦痕等。法海寺是 1988 年被公布的全国文物保护单位，大雄宝殿内仅存的几幅明代壁画在我国壁画史上占有极高的地位，著名学者王伯敏在其所著《中国绘画史》书中指出："法海寺壁画虽然是15世纪中期的作品，但可以同敦煌的宋元壁画媲美。"模式口另一著名古迹是第四纪冰川擦痕遗迹，这冰川擦痕遗迹看上去远不如法海寺壁画那样富丽堂皇，但它在地质学家、生物学家、气候学家、人类学家的眼里却是一块晶莹的翡翠，一件无价之宝，因为它是研究古气候、古生物、古地质、古人类的珍贵资料。

八里庄。距阜成门八里，故称八里庄，朝阳门外八里也称八里庄。阜外八里庄俗称西八里庄，朝外八里庄俗称东八里庄。西八里庄有慈寿寺塔，很远就能看到，成为从门头沟向城里走的重要地理标志，到了八里庄距阜成门也就不远了。八里庄塔不但巍峨壮丽，而且传说故事也非常多，因为下旨建慈寿寺的是明代万历皇帝的母亲李太后。万历在位48年，李太后活了70多岁，一生好佛，人称九莲菩萨。民间相传，说京剧《大保国》及《二进宫》中那个抱着的太子就是明神宗万历帝，戏中的李艳妃自然就是建庙修塔的李太后李娘娘。这是戏文，于史无证，因为还有人讲，《二进宫》讲的是明英宗幼年登基的故事。纯属戏说一类，但是在民间传说极广，山区农民接受历史知识的教育大多来自戏文。李太后活着的时候，累加尊号，称为慈圣宣文明肃贞寿端献恭喜皇太后。万历四十二年（1614 年）二月初九死去后，被谥为孝定贞纯钦仁端肃弼天祚圣皇太后。从这么长的封号看，可见她在明代之影响。除了阜外八里庄的慈寿寺及永安塔，她还要求建了高粱河畔的万寿寺、宣武区下斜街的长椿寺等。自门头沟进京路过八里庄的人免不得要说李太后的故事，塔因人而增色，人因塔而扬名。在北京历史上，辽代萧太后、明代李太后、清代西太后是故事传闻最多的三位太后。

马神庙。距阜成门六里，建于乾隆八年（1743 年），庙内原供奉山神、马王、土地各一尊泥塑像，使得路过此地的山区农民、牧民、商人均有神像可拜，因此在过去此处香火很旺。来此庙进香的有背插龙旗的骆驼队，旗呈三角形绘有龙的图样，表示是为皇家办事的。这些骆驼队的驼户很有势力，走在路上连厅上（相当于现在的交通警）都不敢管。

清朝灭亡后，这些插有龙旗的骆驼队不吃香了，民国以后又限制每把骆驼的头数，由 7 头减到 3 头，随着交通的发达，骆驼队越来越少，马神庙也就逐渐冷落了。到了 1928 年，西郊一分署第五派出所进驻，原庙中除三间神殿外，还有群房 11 间，派出所借用 5 间。1958 年，该庙尚在，庙北曾为北京市工艺美术学校，庙西隔马路为北京工商大学，再向西为三环路上的航天桥。马神庙周边昔日居民较少，有些人家的后墙上还画有恐吓狼的白灰圈。庙前原有一条小溪，庙内有石碑一座，水井一眼，过往驼队经常在此打间儿，既上香，又休息，以图进城有个好运气。驼夫均是拉骆驼在地上步行，是不骑骆驼的，各队均有自己习惯的打间儿地点，马神庙是龙旗驼队休息上香集中之地。

门头沟—平则门（三）

马神庙，歇背子，
前面就是白堆子。
白堆子，穿小道，
一溜儿到了倒影庙。
倒影庙，在高台儿，
往前就是露泽园儿。
露泽园儿，往东走，
不远就是驴市口。
驴市口，找个人，
过桥进了平则门。

白堆子。阜成路北侧，马神庙的东侧。堆子，又称堆拨，是明清负责一方清扫街道、调解民事、捉拿盗贼、疏理交通、维持治安等事务的基层官办机构。明代嘉靖年间兴建月坛等工程时需要大量的白色"江米砂"（大理石的一种），这里专管存放、储运之事，俗称"白堆子"。工程结束后，堆放石料的白堆子设有了，地名约定俗成的流传下来了。清代，白堆子设有堆拨，由八旗兵丁当差，差事苦，待遇低，还要受"厅儿"上的老爷气。清乾隆年间蒋士铨在京师乐府词咏中有一首诗描写堆兵情况："街心巷口屋一椽，枪挺插架弓矢悬。老兵佩刀兀然坐，坐倦頦然枕刀卧。朝来愁雨复愁雪，铲削涂泥入双辙。晚来戴露还带霜，敝裘透寒风莫当。市人争斗兵解之，弹压行路守优尸。千门万户熟睡肢体舒，独有堆子之兵如鲦鱼。"

倒影庙。原名慈慧寺，在《帝京景物略》一书中称为"京城内外巨刹"。距阜成门二里。该庙在今阜成门北街北侧，这条街是历史上阜成门通往西山的官道，建于明代万历年间。寺坐北朝南，中轴线依次为山门一间、天王殿三间、毗卢宝殿（即倒影殿）三间，东西配殿各三间。毗卢殿原扇面墙后的四扇殿门上有个圆孔，若人从后殿门外行走，人影就从孔中照进后殿门来，呈倒状。人往东走，影子却往西走，影子与人方向相反，故称"倒影庙"。僧人用此来招徕香火。实际上，倒影庙的倒影是和照相机镜头"小孔成像"倒像原理相同，只不过僧人借此故弄玄虚罢了。该寺曾有一座蜘蛛塔，在院墙后面东北方向的一土丘上。殿前有一碑记载一则大蜘蛛爬在书案上静听明代太史黄辉诵读经文的故事。"蜘蛛塔、倒影庙、菩萨显灵佛光照。"经僧人一渲染，此庙香火十分兴旺。每逢年节走会及重要祀祈活动，庙里僧人还在路旁摆放桌凳，条案，施茶水供人歇息。该寺在历史上对门头沟进城的驼队影响很大，几乎凡进城的驼户都要到此拜佛。该寺位置在阜外北街259号，曾被北京纺织服装开发公司使用，大部分建筑毁于"文化大革命"，一座传奇古庙在高楼大厦中湮没了。

露泽园。古称漏泽园、宫人斜，是皇宫中无人认领的宫女、太监死亡者尸体群葬之地。四面围墙，待一层尸体摆满后，再以土覆之，逐年增高。后将此园推平，建了居民小区，在今展览馆西侧，称露园小区。人们念其皇宫大院之宫人后事的悲惨，所以建庙祀之。据《钦定日下旧闻考》载："漏泽园有关圣庙，南路园口有善济药王庙、泰山圣母宫，夫营乡有九天庙、三圣殿，甘家口有报恩寺、天仙圣母祠、广福禅林、大悲庵。"另外还有"慈悲院在阜成门西关大街北。慈悲院乾隆二十八年潭柘僧募建，为收养老稚废疾之所。""衍法寺在阜成门外大街路北"，距阜成门约一里。露泽园的关圣庙与城内的关帝庙不同，主殿供释迦佛三尊，前殿供关帝像，由僧人主持庙务。把关帝和释迦佛同在一庙供奉，所以称关圣庙。旧日，北京居民对关帝崇拜非常普遍，有人据《乾隆京城全图索引》统计，当时祀关帝的庙有116座。据北京市档案馆编《北京寺庙历史资料》统计，1928年北平寺庙登记中的称关帝庙的有104处，称关帝与其他神合祀的庙有18处。可见关帝信仰之普遍。

驴市口。旧日，阜成门外有驴市，所以一出城门的第一个十字路口泛称驴市口。1911年后，将十字口南北马路谐音成"礼士"，由阜成门外大街通向百万庄的南北向街道叫北礼士路，通向月坛北街的叫南礼士路。原驴士口南街更名为南礼士路东巷。现礼士路以阜成门外大街分界为南北两段，北礼士路一直通到西直门外大街；南礼士路一直通到复兴门外大街。南礼士路和北礼士路是建国后首批建设的新街区之一，有很多重要单位分布在这两条街上。北礼士路有中国医学科学院阜外医院、中国医学科学院心血管病研究所、国家医药管理局、中国大百科全书出版社等单位；南礼士路有广播电视部招待所、北京市建筑工程总公司、中国原子能工业公司、月坛体育场、北京市城市规划管理局、北京市城市规划设计研究院、北京市建筑设计院等。

平则门。即阜成门，北京内城西垣南侧城门。元代建大都时，于此建"平则门"。明代永乐年间修北京城时，仍称平则门。明朝正统四年（1439年）重修后改称"阜成门"，"阜成"二字源于"六卿分职，各率其属，以倡九牧，阜成兆民"之典。修城门时明英宗年仅八岁，皇太后旨令先朝重臣名宰入朝辅政，并动用军夫万人修京师九门，并将其中五座城门易名，其中"平则"改"阜成"，意旨朝廷各官以身作则，带动亿万军民均备良好道德，蕴藏其谆谆教诲，切切之心。阜成门在内城九门之中称杜门，是休憩之门。阜成门又称煤门，城门洞内墙上曾刻有梅花，梅、煤同音，名为"阜成梅花"。今阜成门外北大街为旧日通往西山的老道，建国后，对阜成门外大街进行规划调整，取直另辟新道，定名为阜成门外大街，向西直通阜成路、阜石路、金顶街南路至门头沟。阜成门1968年被拆除，今已无存。

附记：为此段歌谣加注时，"露泽

园"的资料非常难找。既然入了歌谣，说明此地在当时的来往行人中印象非常深。最后，在中国文史出版社《胡同春秋》一书中，见到了西城区政协文史资料委员会特邀人员顾伯平同志的文章《宫人斜与漏泽园》"，才知道现在"中露园"这个略带几分优美典雅品味的居民小区名字，原来过去是明代宫人墓群。"万古宫人斜上望，淡烟衰草为凄然。"能找到"露泽园"的出处，使我高兴。谢谢顾伯平。

妙峰山的古香道

西便门出来您向西，
金水玉潭脚踩了泥。
北沙沟前的茶水好，
田村的大庙台阶高。
喝口水，抽袋烟，
前边到了北辛安，
北辛安的灯笼照得远，
连夜爬过了石景山。
下了山，往西走，
不远就是模式口，
三家店，琉璃渠，
过河别怕河水急。
浑河二过陈家庄，
越仰岭上十八盘，
十八盘后歇歇脚，
这才来到了大水泉。
大水泉，到桃园，
涧沟村的玫瑰香味甜，
七爬八爬到了金顶，
这才来到了大慈大悲的天仙

圣母前！

妙峰山位于门头沟区东北部，距市区 35 公里，其主峰海拔 1291 米，是距离京城最近的一座千米以上的山峰。妙峰山最著名的地方是莲花金顶，海拔 1038 米，三面山势陡峭，只有西北侧与主峰相连，给人以一峰独秀的感觉，自金代以来就被选为皇家游幸"秋山"的胜地。山顶的"泰山娘娘庙"始建于明代，清康熙御封其为"金顶"，使其名声远播，其兴盛时期，每年农历四月初一到十五，香客人数达数十万，是北京乃至华北的一件民俗盛事。妙峰山靠近昌平、海淀、门头沟三区交界的地方，昔日进香山道有四条：（1）老北道，从天津出发，经海淀区聂各庄台头村开始上山；（2）中北道，从德胜门出发，自北安河乡北安河村开始上山；（3）中道，从西直门出发，经北安河乡徐各庄村开始上山；（4）南道，从阜成门、西便门出发，自妙峰山乡陈家庄开始上山。此首歌谣是讲述南路上香的沿路风光。

金水玉潭：西方属金，因此把从玉渊潭注入外城西护城河的水叫金水，实际应称金玉河比较合理，惜历史上未留此河名。玉渊潭，又称钓鱼台。钓鱼台因金章宗曾在此垂钓而得名，玉渊潭是因元代在钓鱼台建玉渊亭而得名，是北京城郊著名消夏游览胜地。过去这里极具自然情趣，无人工堤岸，所以来此赏青者经常双脚粘泥。

北沙沟和田村均属海淀区。昔日进山路上在进香期间设有公义助善茶棚，北沙沟距西便门约十里，是香客和朝顶的花会必经之路，茶棚较大。田村在清乾隆年间是个"三街六市七十二眼井"的大村，村内寺庙众多，有关帝庙、马王庙、五道庙等，香客路过均应上香。因该村周垣围以虎皮石寨墙，长二里，东西各设一门，雄跨京西，使上香之人均感该村财大气盛，说它庙大台阶高。

北辛安位于石景山区西部金口河北岸。元代水利家郭守敬任太守时，人工开辟金口河引浑河（今永定河）水济元大都，怕水大冲没沿河村庄，故将当时薛村改名北辛安，以求祥瑞。旧时有一家名叫"西天顺"（意到西天礼佛一路顺当）的陈姓掌柜喜扎宫灯，受到皇帝赏识，而得到了掌管颐和园灯火的差事，从而发财，每到进香期间门前摆灯照路，人们称他为"灯笼陈"，名噪一时。

石景山又叫石经山，古称"燕都第一仙山"，是昔日道释两教的圣地。山南多佛，山北多道。他们传道于寺，刻经于石，藏经于洞，晾经于台，每年旧历四月十五前后到妙峰山朝顶的香客凡从南道而来的，都要到这里的庙宇进香，熙熙攘攘，十分热闹。现在此处在首钢，山上建有"功臣塔"，表彰那些在社会主义建设中做出突出贡献的人们，登高远眺，风光宜人。

模式口原名磨石口，因盛产磨石而得名，是北京去妙峰山朝圣的必经之地，也是西山的煤炭、木石进京的主要通道。模式口是个山口，历史上曾设千总把守。模式口隘口东有模式口寺，古迹甚多，较重要的有法海寺、龙泉寺、承恩寺、慈祥庵、田义墓、海藏寺和第四纪冰川擦痕等。

三家庙位于门头沟区东部，是永定河总出山口，京西交通要道，因昔日有三家客店而得名。村内原有始建于唐代的白衣观音庵、始建于明代的关帝庙、二郎庙和龙王庙。三家庙的西边叫琉璃渠，因清代琉璃窑厂建在此地而得名。该村东口有一硬山琉璃瓦的过街楼，券洞上殿堂三间，旧时过街楼内供奉三官大帝。该村西口有一座明代的关帝庙，庙前有六通明清时代碑刻。

陈家庄，旧称陈各庄，相传是由来自山西洪洞县大槐树的陈姓三兄弟在此落户，演变成村而得名。陈家庄的东边是浑河，过了模式口后先由浑河东岸的三家店到西岸的琉璃渠，由琉璃渠向北走到龙泉务，要再过一次浑河才能到陈家庄，所以称"二过"。旧时，为方便香客，陈家庄设有广明路灯茶棚和万诚茶棚。过了陈家庄开始爬山，当地人称山为"仰岭儿"，意思是只有仰着头才看到顶，过此山要盘旋而上，陟降各十八折，称兴隆十八盘，是南路香道最惊险的一段路。

大水泉，由十八盘下来后有一水泉降香会茶棚，当年此茶棚前殿供奉观音大士，正殿供奉天仙圣母娘娘，为南道水泉降香粥茶会所立。由大水泉再向北走，有一处叫阴山的地方，危峰高耸，气度不凡，依崖石平面上镌刻着一幅门联，上联是"古出奇峰遮日月"，下联是"岸有幽背表神灵"，横批是"静与天游"，题刻者是满族人福恩，每个字均超一尺，现已被列为门头沟区文物保护单位。

桃园村，旧称桃源村，因村中有关帝庙，所以桃园村有"桃园结义"的寓意。由桃园向北再走 20 里就是涧沟村，涧沟村明代称三叉涧，又名三岔涧，民国时期改为今名。此村地处妙峰山下沟口偏坡之上，有玫瑰园近三百公顷，质量上乘，享誉海内外。涧沟村北就是著名的妙峰山。1993 年起，妙峰山恢复了香会活动，每年春季均有几十档花会表演，是了解北京节庆民俗活动的游览地。

踏歌寻典

顺义古镇名镇多

顺义古镇名镇多，
牛镇杨镇和仁和，
二李一张北小营，
天竺木林后俸伯。

顺义区地处山前平原，农业发达，历史悠久。西汉时在今顺义东部置狐奴县、西部置安乐县。唐朝末期改名顺州，明朝洪武元年（1368年）十二月降顺州为顺义县，迄至民国，均列三等小县。1998年4月，撤销顺义县，建立北京市顺义区。顺义县在历史上是小县，但其下属的村、乡、镇历史长，名气大，各具特色，值得品味。

牛镇杨镇和仁和："牛镇"，现已改为牛山地区办事处。建国后历称牛栏山区、牛栏山乡、牛栏山人民公社，1990年改称牛山镇。牛栏山又名金牛山，海拔83米，镇名因山而得。据民国《顺义县志》载："牛栏山在治北20里，相传中峰洞内有金牛出现，故曰牛栏。"旧时，牛栏山曾有"碧霞春晓"、"牛山烟雨"、"石梁蟹火"、"清浊流芬"等多处景观。现在该镇以教育质量高而闻名全市，从 1978 年起到 1997 年，顺义区高考录取人数连续 20 年在北京远郊区县保持绝对领先地位，1997 年北京市高考文科状元就是顺义牛栏山一中的农村学生。

"杨镇"，位于潮白河东部地区的中心部位，镇政府所在地杨各庄村距顺义城 15 公里。杨镇是一座古老的小镇，北可出关，南通河北各地，东西有顺平路压腰通过，自古以来就是交通要塞，清康熙年间被列为全国八大名镇之一，与江西景德镇、河南朱仙镇齐名，因此有"一京二卫三通州，四镇京东大杨各庄"的说法。1987 年至 1989 年这里兴建了一条仿古商业街，街的中心是一座气势挺拔的振杨楼，使人联想昔日杨村的辉煌，又为名镇再次兴起而欢欣鼓舞。

"仁和"，即原来的顺义镇，现已改为仁和地区。"顺义"镇之名始自唐朝，取归顺正义，服从一统之义。这里曾有唐代土筑之城，明、清改为砖筑，城有 4 门，东曰朝旭、南曰阜财、西曰庆成、北曰揖翠。城形基本为方形，面积 1 平方公里，中间高四面低，形如龟背，于是民间又称顺义旧城为龟城。过去这个不足 1 平方公里的小镇，现已发展成 20

多平方公里的现代化城市，1990 年在中国乡镇百颗星评比中，顺义镇被授予"中国乡镇之星"称号。

二李一张北小营。"二李"系指顺义东南潮白河两岸的李遂镇和李桥镇。李遂镇在宋代就已建村了，因村中李姓居多，又地处古遂河（潮白河）畔，故名李遂。镇内有一座 7000 多亩的人工森林公园，称绿色度假村，是北京市 8 个自然风景区之一。李桥镇距顺义城南 10 公里，始建于唐代，因为唐王管理过河桥而集结成村。清康熙年间已设集镇，是张家口与通州、天津往来必经之地。"一张"是张镇，在顺义区最东部，镇中北营、东营、西营三村曾是历代屯兵营地，因此得名。1991 年，张镇被市科技办公室命名为"星火科技密集镇"。北小营镇在汉代就已形成居民点，镇东北 6 里许为汉狐奴县遗址，遗址东北百步便是狐奴山。张镇在东汉时期就开始种稻，历代相沿不衰，所产稻米可连蒸三次不变形，是旧时皇家贡品，号称"三伸腰"，据说是东汉渔阳太守张堪首种。

天竺木林后俸伯。天竺镇位于顺义城西南，1998 年改为天竺地区办事处，天竺原名天柱庄，清代谐音改天竺，因其紧邻首都机场所以获得"国门第一镇"的美誉。木林镇位于顺义区东北部，镇内的唐指山、峪子沟是很有特色的旅游风景区。传说李世民征高丽时路过木林，问东北部山叫什么名字，大臣为取悦唐王顺口说出"唐指山"，于是留下此山名至今。峪子沟内小溪众多，共有402余条，长年流水不断，是夏季避暑的好地方。后俸伯和前俸伯都属南彩镇，均在顺平路上，该镇原以俸伯为名，现名南彩，位于顺义城东侧。

　　附记：本节主要参考资料：刘殿钰主编《顺义》。

通州城，好大的船

通州城，好大的船，
燃灯宝塔做桅杆，
钟鼓楼的舱，
玉带河的缆，
铁锚落在张家湾。

通州城地处北京东大门，西距北京城20公里，东濒京杭大运河北端，因漕运通济，得名通州。北齐时，潞县县治迁到这里并筑城池。明初重修城垣，明正统十四年（1449年）又建新城，清乾隆三十年（1765年），方观承奏准重修新旧城，将二城合一，连在了一起。由于通州城在历史上多次重建重修，所以平面呈半月形的船形，因之有"通州城，好大的船"这个说法。通州城上拱卫京师，下控扼津蓟，曾揽白、榆、闸、浑四河会于城东大运河起端、总江、淮、黄、海四漕尽于北京东大门二坝，舳舻辐辏，冠盖交驰，为畿辅襟喉，水陆要会，号称都城之左辅雄蕃。如今的通州大运河贯通南北，百里长安街横亘东西，京津塘与京唐高速公路两翼齐飞，电气化铁路连接着北国江南。旧城已拆除得荡然无存，城楼城墙均不存在，尚有大成街、司空分署街、神路街、东顺城街、西塔胡同、白马关帝庙胡同、鱼市胡同、大寺胡同、贡院胡同、通州卫胡同等，可以找到当年通州城的踪影。

燃灯宝塔，雄立在京杭大运河的北端，据说建在唐代，已有1400多年历史了。燃灯佛是佛祖释迦牟尼的老师，传说他出生时身边一切光明如灯，在"三世佛"中他代表从前。据《瑞应本起经》卷上，释迦牟尼前世曾买五茎莲花供献该佛，故被授记（预言）九十一劫后之"贤劫"（现在之劫）时当成佛。燃灯塔是座舍利塔，据《通州志》记载，在清代康熙十八年（1679年）时，这座塔曾因强烈地震倒塌，有不少人看见在乱砖堆中的石舍利函，散落着许多舍粒子，颜色淡黄微红，米粒大小，大家重新拣起来放归函内，塔重修成功时再归天宫。该塔为砖木结构，密檐实心，八角形十三层。塔高48米，围44米，须弥座，双束腰，每面均嵌有精美砖雕，十分壮观。通州古有八景，"古塔凌云"为八景之一。其他七景为：长桥映月、柳阴龙舟、波分凤沼、高台丛树、平野孤峰、二水合流、万舟骈集。

钟鼓楼，原在通州城内的北大街，居旧县城中心，明朝初年建，后毁于火，嘉靖二十七年（1548年）重修。康熙十八年（1679年）地震时倒塌，四十八年（1705年）再建，以后又曾有修缮。因为通州地靠京城，舟车齐聚，不能没有钟鼓楼以司时辰。楼北悬额"暮鼓晨钟"，楼南悬额"声闻九天"和"先声四达"。原楼南北向，横锁大街。面阔三间，高30余米，歇山重檐，望兽险踞正脊两端，垂兽、戗兽列居众脊。该楼上下二层，四周带廊，下为拔券门洞，楼上有石碑一座。楼内原还悬有各种匾额，民国九年，楼南添置"永定水会"匾，楼北增悬"声灵赫濯"、"北平巨镇"匾。楼内挂有"安民以惠"、"保商卫民"、"助长灵长"、"德惠群黎"、"功昭守助"、"安民则惠"六匾。原楼中还有四块古匾放楼下院内保存。清代，每年上元节（正月十五日）楼上满挂红灯，任人游览，取古代金吾不禁之意，是京东一大盛景。通州钟鼓楼之大称雄燕蓟，晨钟暮鼓敲了几百年，直到1936年才停止。因钟鼓楼之大，通州人称其为"船舱"，可与称"桅杆"的燃灯塔比美，可惜，

踏歌寻典

一场"文化大革命"使楼拆洞毁，碑砸额碎，六百多年的雄楼化为乌有。有一首民谣仍在流传，使人还能记起当年的辉煌："一京二卫三通州，通州有个钟鼓楼，雷拐子撞钟有门道，前三后四左五右六，着火有他来通知，四面八方都知道。"

玉带河，通惠河在通州段的别称。明洪武元年时，孙兴祖督军重修城垣时，外甃砖，内夯土，周围九里十三步，连垛墙高 3.5 丈，四个城门均有城楼。明正统十四年时，把南二仓包入城里，城墙又向西扩出 7 里，添建了西南二个城楼。明正德六年（1511 年），因外患，李贡又奏请重修新城，二门增建瓮城，重门悬桥，号称敌台。通州城呈船形，其环城之河与通惠河相连，也呈长圆形的套状，所以说此河如"玉带"，是通州城这个"船"的"缆"绳，把船拴在岸边。通州的河湖多，风景也多，清代形成的文昌阁十二景中有六个与河湖有关：天际沙明（白河沙滩）、漕艇飞帆（运河船驶）、闸泻涛声（通惠河减水闸）、风行芦荡（运河水湾）、碧水环城（通州城护城河）、柳岸渔舟（运河两岸与河面）。张家湾城外的通惠河故道也称玉带河。

张家湾铁锚寺。张家湾在北京东南60里，距通州陆地距离12里。古时，潞河、富河、浑河、里河交汇于此，水势环曲，石桥四布。元世祖至元三十年（1293年），通惠河疏凿成功，此处成为水陆要津，当时有漕运总督张瑄（万户）首次指挥海船运输漕粮自渤海溯海河而驶，再沿潞河（时称白河）逆航至此湾，因其姓而命名张家湾。张家湾作为大运河北端码头七百多年，形成了巨大的村落。今张家湾以萧太后河为界分为二个行政村，北部有城称张家湾村，南部有市称张家湾镇，古迹尚余不少。张家湾村南口两侧有张家湾城址，明嘉靖四十三年（1564年）为保卫北京、保护运河而创建，今仅余南垣残段，1995年被公布为北京市文物保护单位。张家湾城内外的古迹有元时的高丽寺（广福寺），据说铁佛高近丈，明初被徐达拉倒后弃于塘中，现埋在张家湾小学操场下。明代在此建有铁锚寺，里面陈列许多铁锚。通州八景之一"万舟骈集"就是讲的通州至张家湾运河水面的情况。

附记：雄跨华北的通州古城在"文化大革命"中被拆毁了，代之以新建的没有地方特色的高楼。延庆县的永宁县城的鼓楼、钟楼、玉皇阁等众多名胜古迹也没逃过十年浩劫，好在没建那么多新生的高楼。2003年，延庆县决定计划用五年时间，恢复永宁古城。"先有永宁城，后有十三陵"。尽管北京周边古县城被拆毁几近一空，永宁古城作为北京第二批历史文化保护街区将得到恢复，给了我们不单是从歌谣上了解古县城，还可实地看古城的机会，值得高兴。

平谷八景歌

盘阴积雪映桃花，
泃水晚渡天街华，
石室清风连溶洞，
峨嵋耸翠石林峡。
独乐晴波湖洞水，
鼓岭朝云文峰塔，
峰台夕照萧家院，
灵泉漱玉龙门坝。

盘阴积雪映桃花，每年春天平谷山下桃花盛开的季节，盘山北坡的积雪尚未融化。平谷以产桃闻名北京，有谣谚云："华山鲜桃吃一口，起码能活九十九；华山路上走一走，福禄寿喜全都有。"大华山镇盛产鲜桃，每年春天万亩桃园鲜花开放，是京东美景。

泃水晚渡天街华，泃河是一条横穿平谷县境的古老河流，发源于蓟县黄崖口，西南流经盘山之阴，入平谷后，与县城南的前芮营附近与北来的错河汇流，入河北三河县境，叫蓟运河。历史上泃河上经常有数十只木帆船穿梭来往，每年运输总量达三万三千多吨，当夕照黄昏，征帆片片，景色很美。建国后，修了海子水库，洵河水源得到储存合理使用，虽然洵河不能通船了，但是自 1985 年后海子水库建成了金海湖，成了旅游风景区。水库大坝建成了坝上天街，傍晚望去，水映华灯，使昔日的"洵河晚渡"更有魅力了。

石室清风连溶洞，石室指县城东 25 公里处城山山中的一个石洞，仅容一人，相传有一姓孙的真人在此修炼而扬名。京东大溶洞位于平谷县城东北 15 公里黄松峪乡黑豆峪村，岩层结构为白云岩、白云灰质岩及含有硅、铁成份的岩石结核体，这种岩层不同于纯石灰岩，形成溶洞极为不易。据考察，此洞的地层距今已有 15 亿年，比我国其他发育溶洞的地层早 10 亿年，是我国在白云岩层中发现的第一个大型溶洞，堪称"天下第一古洞"。

峨嵋耸翠石林峡，在县城东北的南独乐河镇有一座山，山上有一座峨嵋石堡，是古代军营遗址。该营始建于明天顺七年（1463 年），全营南北长 400 米，东西宽 250 米，东西南三面有门，南门有石刻匾额，为"峨嵋山营"，记载营寨修建年代，守将姓名官职等，营寨墙体为石结构，现称峨嵋山村。该山峻岭超群，碧草青松，有峨嵋之秀。京东石林峡位于南独乐河东北部的黄松峪乡，距县城20公里。景区内山峰峭拔，参差错落，直立如林。谷内瀑布飞泻而下，落差高达80余米，气势宏伟。古人曾有这样句子赞美此处风景：重重叠叠山，高高低低树，叮叮咚咚泉，曲曲折折路。

独乐晴波湖洞水，湖洞水是独乐河的上游，因建黄松峪水库而使独乐河不能行船，无法再现"清绝野航"的景观。湖洞水是京郊理想的避暑旅游胜地，此地距金海湖12公里，是一条长约6公里的大峡谷。谷中有湖，山中有洞，溪水常流，所以叫湖洞水。此处属金山风景区，金山十景为歇山二泉、将军雄关、金山奇峰、金猴平顶、老盖黄花、高崖古墨、天开一线、洞水三娘、清溪古树、滴水苍苔。其中洞水三娘就是指的湖洞水景区的三娘洞，洞在山顶，需爬800级由山石垒成的天梯方能到达，十分险峻。除此以外，湖洞水景区还有回音洞、映天池、一线天、山门涧、罗汉洞、狮子峰、老龙潭、将军洞、雁翅崖等胜景。

鼓岭朝云文峰塔，鼓岭位于县城南12.5公里，山形如鼓而得名。由于这里

靠近河北蒋福山，山林密布，清晨云雾
缭绕，景色宜人而成名。县城南4公里
东高村东泉水山的山顶上有一座建于明
代的文峰塔，该塔六棱实心，共分三层，
通高8米，南北各有一块石刻镶于其中，
是平谷现存的惟一古塔。泉水山下还有
一座始建于辽代的临泉寺，院中犹存5
株古柏，2通石碑，3间正殿，现虽然已
为小学校，但仍有踪迹可寻。泉水山下
有山泉，九十九曲入泃河，数顷稻田腾
细浪，山水相辉意味长。

　　峰台夕照萧家院，"峰"是指县城北
10公里王辛庄太后村的瑞屏山；"台"
则为此山顶的平台；"萧家院"系山中一
个村子名。据《平谷县志》载："县治西
北二十里，山势高耸，迭嶂环抱，中心
砥平。西山下有龙潭，水势渊深。相传
旧有尼庵，幼尼出行汲，忽内急而溺于
深潭，潭中龙因有人道之感，孕而生女，
弃之山陬。邻村萧姓者怜而养之，长而
聪慧，后入辽宫为后。主卒子幼，后即
专政，遂有萧太后之称。至今其地名萧
家院，中有僧庙，遗古碑一，皆蒙古文，
士人莫文能识。"辽代萧太后是否出生于
此已不可考，但瑞屏山风景确实很美，
山上也确有一个平台，现存两通石碑。

一为元大德元年（1297年）所立《大兴隆禅寺创建经藏记》碑，一为元大德三年（1299年）立《皇恩特赐圣旨译本》碑。说明此处原有大兴隆禅寺，寺内藏连殿高大雄伟，西下太阳照在此建筑上，在绿树丛中分外明亮。

灵泉漱玉龙门坝，"灵泉"系指县城东北一山洞中喷出的山泉；"漱玉"指喷出的水花如珠似玉；"龙门坝"系指距县城东北10公里处京东大峡谷中的龙门湖大坝。京东大峡谷的水清亮如银，低吟浅唱从深谷中悠然而出，在谷中蜿转而下，小潭无数，知名者有5个：惊潭、险潭、怪潭、灵潭、响潭。再向上去，山岩环立，南侧崖头一道银瀑飞流而下，空中玉珠无数，幻出道道彩虹，七彩分明。30多个景点在险峰幽谷中由天池垂下的溪流串联起来，来到大峡谷顶端的天池，放眼望去，水天一色，群峰丽影，白云飘飘，心胸豁然开朗。过天池向东，更有大片松林景区，地面有终年落叶，林中草密花香，一派纯天然的风光。不过，要想登上龙门坝，看到龙门湖，见到漱玉的飞流，先要登168级石阶，好在这是个吉利数字，与"一路发"同音。带着这个愿望去攀龙门坝，也是个有兴趣的事。

　　附记：大兴区、石景山区、门头沟区、房山区、顺义区、昌平区、怀柔区、通州区和延庆县，密云县历史上均有八景。北京市1986年还评选了新"北京十六景"：（1）天安丽日（天安门广场）、（2）紫禁夕辉（故宫）、（3）燕塞雄关（八达岭长城）、（4）白塔堆云（北海）、（5）颐和慧海（颐和园）、（6）圜丘清音（天坛）、（7）香山红叶（香山）、（8）十渡浮峦（十渡）、（9）盘古遗火（周口店北京猿人遗址）、（10）幽峡碧流（龙庆峡）、（11）大钟声远（大钟寺）、（12）龙潭漱玉（白龙潭）、（13）明陵落照（十三陵）、（14）卢沟狮醒（卢沟桥）、（15）慕田古堞（慕田峪长城）、（16）红楼大观（大观园）。

古北口，风光好

古北口，风光好，
七郎坟，令公庙，
琉璃影壁靠大道。
一步三眼井，
二步三座庙，
长城内外都热闹。

古北口。在北京的东北部，位于密云县与河北省滦平县交界处，是长城山海关和居庸关之间的重要关口，是中原通往东北、内蒙古的锁钥重地，自古以来是北京四大交通干道之一。古北口，一般指它的河东、河西、潮河关、西山、长城及汤河、北台、北甸子这几部分。东距海拔 2116 米的燕山主峰雾灵山 30 公里，在群山环抱之中。争雄的卧虎山和踞守的蟠龙山，紧锁着潮河和长城的关口，"南控幽燕，北捍朔漠"，是历代兵家必争之地。这里早在春秋战国时，燕国就在此筑墩设防；南北朝时北齐也在此地构筑石砌长城；隋唐时又在此设置军镇，常年驻防。到了元明清三朝，由于定都北京，古北口是京师北大门。

元朝曾派著名将领脱脱木儿驻防；明朝初年重修长城时，重建古北口关并跨山筑城，当时在潮河入境处筑城桥，与两山的长城相连，桥头敌楼并立，桥下建水门，而在河岸，建仅通一人一车的铁门，谓之铁门关。清代，更是在此增设柳林营，建提督府，辟御道，修行宫，置重兵戍关。这里是清代皇帝去承德避暑山庄的必经之地，既有长城等古迹，又有巍巍青峰、湍湍河水，以及古代战争故事、优美民间传说，是一个极具盛名的旅游之地。

七郎坟，令公庙。古北口"五大名胜"头二个均与抗辽英雄杨家将的传说有关。杨七郎杨延嗣是被奸臣潘仁美杀害的，他的尸体被抛进潮河，一条大腿漂到古北口潮河边。乡亲们敬重他是忠良之后，把这条腿葬到了潮河西岸北山坡上。杨延嗣忠魂不散，山坡越长越高，如同一条巨腿伸向天空。后来，潘仁美通敌之事暴露，乡亲把奸臣服法之事告祭给杨延嗣，此坟才不向上增长，但留下了一个如同巨腿一般的铁柱子。1936年11月，正是日寇的铁蹄对古北口疯狂践踏的时候，有位湖北人名叫张环海的专为此坟立了"大宋杨七郎之墓"，现安置在新建的碑亭内。令公祠坐落于古北口河东北口城的东门里，坐北朝南，前殿山门上竖着一块高大匾额，上书"杨令公祠"四个大字。山门两侧的墙壁上，写着八个醒目大字，西壁上是"威镇边关"，东壁上是"气壮山河"，令人肃然起敬。杨令公名杨业，为北宋名将，被誉为"杨无敌"。有关杨业及杨家将忠心报国故事在金、元两代便广泛流传，到了明代，又把主帅潘仁美陷害杨业情节加了进去，成了忠与奸的斗争。到清代，杨家将故事流传更广，虽然杨令公战斗的主要区域在今山西雁门关和大同一带，距密云很远，但由于密云这特殊的战略要地，为杨令公立庙，既表现了边关战士的价值取向，又说明凡英雄人物是各族共仰的。

琉璃影壁。古北口名气大，但历史上关口内外的街道并不宽，远不能和今日京承公路相比。但是，古北口这城上之城古老的街道有着浓浓的历史沧桑感，其文化底蕴散发着一股迷人的魅力。出古北口长城的北门（对北口城来讲是南门内），迎面有一座庙叫药王庙，殿中供奉的是药王孙思邈，殿的东、西两面是古来十大名医坐像。药王殿西面神台上，还有一只一尺多高，二尺多长，满身黑色斑纹的老虎塑像，据说是为了报答药王给它治好"嘿儿喽"病，专门侍奉药王的。药王庙的西侧建有关帝殿和戏楼，每年四月二十八日有庙会，这里要唱大戏。在距戏楼台阶 5 米大道的南面，原来有一座琉璃影壁。壁宽约 6 米，高约 4 米，厚约 0.8 米，青砖结构。靠大道的壁面上的图案是黄绿色琉璃的"二龙戏珠"。这个"珠"，是一个人形的蜘蛛，两只手捧着滚圆的大肚子。传说，蜘蛛肚中有"宝"，大旱之时若肚上有露珠，说明要下雨；阴雨连绵，肚子若是干的，就是要晴天。该影壁建于明崇祯二年（1629 年），匠人李春。毁于"文化大革命"。

一步三眼井。该井在河东东横街东头靠北，是在井口盖着的石头上打了三个眼，可以三个人同时在此井打水。传说，虽是一口井三个眼，可是从三个眼中打出的水是三种滋味，如果一天尝遍三个井眼中打出的水，可以延年益寿。有一天，去承德避暑山庄的乾隆皇帝路过这里，听到了这个传说，很感兴趣。他依照当地的习惯，亲自用斗从三个井眼中打水，然后自己品尝，又赏给随行大臣品尝。刘罗锅说只品出一个味，纪晓岚说品出了二个味，和珅说品出了三个味。乾隆自己慢慢品尝，最后说，果然是三个味，和珅与朕感觉一样。刘墉和纪晓岚马上说，应给和珅嘉奖。乾隆问：怎么封赏？两人说，请和珅替乾隆打水，让随行人员均得恩泽，古北口百姓都浴龙恩。乾隆听了十分高兴，命和珅亲自打水，替皇帝广施福田。最后，刘墉和纪晓岚在古北口睡了个好觉，和珅打了一天水，出了一身汗。临晚，乾隆亲封"一步三眼井，井水不许干，井帮不许陷，井水苦涩甜。"

两步三座庙。药王庙是依山而建的，既雄伟，又紧凑，充分利用了地型地势。药王庙建于万历三十年（1602年），崇祯十二年（1639年）曾重修。药王庙大殿前有月台，大殿坐北朝南，在它东侧，开了一个角门，角门里又有两座坐西朝东的殿，北边是圣佛殿，南边是龙王殿。站在月台角门前，形成了"两步三座庙"的景观，是古北口八景之一。大殿前面有个小广场，广场西侧是关帝殿和戏楼。昔日每年庙会期间，以戏楼为活动中心，大席棚、小席棚、地摊儿、布帐子，摆满了大街。南上坡、东西横街一带，连成闹市。那时，口里口外的村庄，各家各户，男男女女，穿红戴绿来逛庙，赶庙会，听戏。闹市上，卖艺、卖药、卖农副产品、卖衣服、布匹、布头、食物、农具、日用品、化妆品的，应有尽有。戏楼里外，从早到晚，叫卖声、锣鼓声、演唱声、说笑声……一片闹闹嚷嚷，显示了这个沿长城古镇活力。1991年，当地政府重修了令公庙和古戏楼，使这古老关口又有了新的生机。

古北口的"八大景"

雄关名胜古迹存，
抗日公墓表忠勋。
东关蟠龙青峰翠，
西山卧虎更传神。
万里长城分翰域，
千层高塔指烟云。
悬腰徒立中悬洞，
坡面徘徊对垒门

古北口不但古迹众多，自然风光也壮美动人。除了有"七郎坟，令公庙，琉璃影壁靠大道，一步三眼井，两步三座庙"这五大名胜外，还有"八大景"之说。

雄关：古北口。北齐天保七年（556年）在今古北口北门坡的长城上开了一个能通过一人一马的拱形门洞，洞口顶上刻着"北口"二字，门洞进深达16米以上。金朝泰和五年（1205年），金章宗完颜璟为了防御蒙古铁木真的大马队，在这个古老的"北口"外山坡上建了座"北口城"。明朝洪武十一年（1378年），朱元璋为防御被推翻的蒙古贵族骚扰，派徐达来建古北口城。把原来经潮河关的南北车行大道用长城挡住，改由北门坡上的"北口"出入，为此拆掉古"北口"的城墙、城洞，凿下山岭30多米，修了无城楼的城洞，形成古北口目前这种城上之城的格局。

抗日英雄公墓。1933年3月10日，日寇的"满洲派遣军西义——第八师团"全部及"骑兵第三旅团"在飞机、重炮、坦克配合下，向古北口进攻，我国徐庭瑶的第十七军、关麟征的二十五师昼夜兼行赶来迎战，只有四个步兵团，几门迫击炮。在既无友军支援，又无坚固阵地的情况下，他们与敌激战三昼夜，击退敌人无数次进攻，子弹打光后与敌人展开了刺刀战。由于敌人空中有飞机扫射，地下有坦克冲击，远程炮火又猛烈，使二十五师将领多数伤亡，阵地失守后，惨痛至极，尸体成堆成片。战后，老道士王明恺与当地商会，到北平征得国民政府军委会北平分会的"捐款"，起运五百余具阵亡将士尸骨赴蚌埠建陵园；另外三百六十多具尸体在南门外深挖掩埋，俗称"肉丘坟"。此坟现为"癸酉年古北口战役阵亡将士公墓"，墓院的大门上有"大好男儿光争日月；精忠魂魄气壮山河"对联，横联为"铁血精神"。是爱国主义教育阵地。

东关蟠龙青峰翠。蟠龙山，在古北口潮河东岸，它的东梁是明长城到古北口城的一条制高的山脊，海拔300米，相对高度100米以上，上面还有1公里左右的北齐长城的遗迹。从山脊向西，有几条蜿蜒环抱的山峦，盘旋起伏，像是几条长龙，在这里盘踞着。蟠龙山自古以来就是攻守古北口的战场，北方民族历次进攻长城和"北口"，以及后来的古北口的战争，都要首先占领蟠龙山。而守卫北齐长城、"北口"及古北口的武士们，也需事先就占据和扼守着蟠龙山。攻守双方在这里展开激烈的厮杀。青峰翠，系指东门外的北山，山峰挺拔，遍山苍翠，远观庄严秀丽，近看优美宜人。

西山卧虎更传神。卧虎山与东面的蟠龙山相对，紧锁潮河，称为"京师锁钥"。这两座山好似一龙一虎，把守在潮河边。卧虎山在潮河西面，是古北口的制高点，海拔665.22米，相对高度450米，是一座孤立的山峰。山顶上有两只老虎造形，一俯一仰，逼真活跃，距卧虎山百八十里就可以看到，因为两只老虎占去五分之一的山型。卧虎山远看像

踏歌寻典

两只虎，近看山势突兀，十分陡峭。登山只有一条路，那就是沿着建在山脊上的长城，一步步攀登。登上山顶，极目远望，向南可看到密云水库，向下可见古北口全貌，山河壮丽，气象万千。

长城古代曾是农耕民族和游猎民族划分势力范围的界线，各个关口又是自古以来长城两边人民进行物资交流的集散地。翻开历史，在长城上发生战争的时间是很短的，而作为一条联结长城内外人民友谊纽带的时间是长的，尤其在清代以后，长城更是中华民族大团结、大统一的标志，而现在更是作为人类文明的伟大工程，成为中华民族的骄傲。古北口长城有五大特点：①名将监修，②处处敌楼，③建筑质量好，④总体设计艺术水平高，⑤依山跨水。1980年末中国旅游总局、文化部、文物局共同组织的长城调查组考察古北口向东到望京楼这20多公里的长城后认为：这是万里长城最精粹的部分，堪称"第二个八达岭"。

千层塔。潮河西岸万寿山顶上有万寿寺，寺的西门原有一座藏式白塔。高15米，直径约3米，塔座为束腰式须弥座，塔身覆钵形，中间雕刻着一个小佛龛门，塔身之上又有圆锥状的相轮，给人以高耸之感。万寿寺建于明朝而石塔建于清朝。万寿寺在宣统年间被改建为道教吕祖庙，1983年9月，被定为密云县重点文物保护单位，石砌的喇嘛塔，于1966年"文化大革命"中被炸毁。

中悬洞。古北口潮河的西面有一座山叫阴山。阴山向阳的南坡较缓，向北的一面是如同刀削斧砍一般的悬崖绝壁，上面还有用大石头垒成的长城。在陡峭的岩壁中腰天然形成了一个三角形的山洞，叫"中悬洞"。因此山叫阴山，有人就把这山洞叫"阴门山"，并附会说，这座"阴门"与承德的棒槌是一对夫妻。也有人将其雅化，叫"凤眼山"，但凤眼是横向的，而这洞是纵向的，不符实际，所以没传开。金朝时路经这里的金兵将其取名叫"留斡岭"，但没有被以后的古北口人接受，只留在了字面上。

对垒门。一条潮河在古北口中间流过，很自然地就把古北口分成了河东、河西两部分。一条大道沿河修筑，古代是经北口城再过北口而进关内，现在是公路从隧道穿山而过，总之，河与道把古北口分成东西两面。而这东边的蟠龙山，西边的卧虎山，两山对峙，如同把关的两位将军。而在这两座山上，蟠龙山上有关帝庙，庙门向西；卧虎山上有吕祖庙，庙门向东。两座庙门相对，因此形成了"坡面徘徊对垒门"的景观。

除上述八大景外，古北口地区的大花楼、石盆峪、小红门、将军楼、八大楼子等也是有名的景观。与古北口长城相连的司马台长城、金山岭长城，是万里长城中最精粹的部分，观赏价值极高。

踏歌寻典

延庆风光

潭水红黄青白黑，
老泉松珍滴三里，
五库三河水清澈，
九山十古七景区。

潭水红黄青白黑：延庆县内境内泉眼非常多，最著名的是上下阪泉，附近有百泉齐涌的奇观。此处所讲的县城周边以色彩命名的龙潭，"红"是红龙潭，位于县城东南 11.7 公里处。"黄"是指黄龙潭，在县城西北 13 公里处。"青"是青龙潭，位于县城东南 14.5 公里处，燕羽山下。"白"是白龙潭，在永宁城南 10 公里。"黑"是黑龙潭在县城东北 51 公里处。

"老泉"，是老井泉，位于县城东北 27.6 公里处，为上虎叫村农民饮用水泉，涌水高度可达 0.3 米，日涌水量 21 立方米，山腰上有一座水母奶奶庙。"松珍"系指松山温泉和珍珠泉，"珠泉喷玉"为清代延庆八景之一，该泉位于县城东北 49.4 公里处。"滴三里"是滴水壶泉和三里河温泉。滴水壶以细流挂山壁，珠帘倒卷掩石洞的景色闻名。三里河温泉水温达54℃，在此建成了八达岭温泉度假村，是一处疗养休假的好去处。

五库三河水清澈："五库"系指官厅水库、古城水库、佛峪口水库、香村营拦河闸和莲花湖滚水坝。莲花湖位于县城南妫水河上，此水利工程1994年建成，300多万平方米的湖面不仅改善了县城的气候，还是旅游观光之地。"三河"，延庆的河流属海河流域的永定河、潮白河和北运河三个水系，主要有妫水河（永定河水系）、白河（属潮白河水系）和怀九河，怀九河向东流入怀柔区西水峪水库，进入潮白河。由于延庆的河水分别流入官厅水库和密云水库，为了水质清纯，不受污染，保证北京市人民吃上净水，所以延庆的河水清澈，两岸植被丰茂，自然景色十分迷人。

九山十古七景区："九山"系指海陀山、茶壶山、应梦山、团山、缙阳山、金牛山、火药山、莲花山和五贵头。"十古"是指十处古迹：下德湾木化石群、玉皇庙村山戎古墓、张山营镇古崖居、黄龙潭边的黄龙庙、延庆县城古城遗址、长城与城堡与墩台、千余庙宇分布全县、青龙桥火车站詹天佑纪念碑、抗日烈士纪念碑、榆林驿遗址。"七景区"：八达岭旅游区、龙庆峡旅游区、康西草原旅游区、松山森林旅游区、妫河漂流旅游区、东山旅游区和永宁古城。

主要参考书目

《京师五城坊巷胡同集》　明　张爵
　　北京古籍出版社　1982 年版

《日下旧闻考》　清　于敏中
　　北京古籍出版社　1983 年版

《燕都丛考》　陈宗蕃
　　北京古籍出版社　1991 年版

《北京市街巷名称录》　严肃
　　群众出版社　1986 年版

《京华古迹寻踪》　北京燕山出版社编
　　北京燕山出版社　1996 年版

《京都胜迹》　胡玉远主编
　　北京燕山出版社　1997 年版

《北京名胜古迹辞典》　北京市文物局编
　　北京燕山出版社　1989 年版

《燕水古今谈》　段天顺
　　北京燕山出版社　1989 年版

《北京地名典》　王彬　徐秀珊主编
　　中国文联出版社　2001 年版

《北京的桥》　王同祯
　　北京燕山出版社　2000 年版

《实用北京街巷指南》　王彬主编
　　北京燕山出版社　1987 年版

《燕都说故》　胡玉远主编

北京燕山出版社　1996 年版

《燕京八景》　高巍　孙建华等著

学苑出版社　2002 年版

《京西名墓》　张宝章　严宽著

北京燕山出版社　1994 年版

《北京的商业街和老字号》　王永斌

北京燕山出版社　1999 年版

《北京街巷名称史话》　张清常

北京语言文化大学出版社　1997 年版

《古北口揽胜》　白天

北京燕山出版社　1993 年版

《隆福漫笔》　王玉甫

中国档案出版社　1998 年版

《北京古代交通》　尹钧科

北京出版社　2000 年版

《北京庙会史料》　北京东城区园林局编

北京燕山出版社　1999 年版

《北京城的起源与变迁》　侯仁之　邓辉

北京燕山出版社　1997 年版

《老北京的民俗行业》　常人春

学苑出版社　2002 年版

《平谷》　谷玉龙主编

北京图书馆出版社　1999 年版

《通州》　金星华主编

北京图书馆出版社　1999 年版

《北京趣闻 1000 题》　　王伟杰

　　中国旅游出版社　　2002 年版

《北京俚语俗语趣淡》　　刘建斌

　　中国城市出版社　　1999 年版

《皇城古道、北京前门大街》　　李金龙等

　　解放军文艺出版社　　2000 年版

踏歌寻典

踏歌寻典

后　记

北京人好客，谁要是在街上向北京人问路，他一定要给你说个清清楚楚。北京人又非常自豪，他总要把自己周边的名胜古迹如数家珍地给你讲个没完。在这种情况下，"地名歌谣"应运而生，这是北京人的一大发明。我在编辑《中国民歌集成（北京卷）》时，从四千多首歌谣中挑出了几十首路谣，我认为这是北京人的语言珍品，它有多方面的实用价值和研究价值，积淀了多方面的知识和信息，应该把注解写得比《集成》要细，以便更多的同志欣赏，从中领略到民间文化的巨大魅力。这几十首"地名歌谣"再加上注解，就形成了这本小册子《踏歌寻典》，意思是按这些歌谣的指点路程漫步，可对沿途各地名的掌故加以了解，是为步行或骑自行车的游人准备的旅行指南。

这些歌谣有的很古老，随着时代的变迁内容有些变异，但大部分定格在清末民初的情况。这些歌谣有三个特点，第一是起到旅行图的作用。如"东直门，挂着匾"，把从东直门进城后，向北到今日南馆公园，向西到雍和宫，经国子监到安定门，再向南折到交道口、宽街，再向东经隆福寺、东四牌楼、朝阳门的沿路街巷和特点全说了一遍。"平则门，拉大弓"又把西城北部主要景点讲了一遍，地名准确，语言生动。读着这些歌谣不但可以进行旅游，而且对近百年前的市井民风还能有所感受。第二是起到了解历史的作用。这些歌谣中讲到的地名有的不存在了，可是它们仍存在于鲜活的民间语言中，是什么原因使它们让人们记忆如此之深呢？如"门头沟——平则门"一歌中提到的"露泽园"；"东直门，挂着匾"中的"康熙桥"；"鲜酒活鱼蓝靛厂"中的"老营房"等。为这些地名注解非常麻烦，资料很难找到，找到了，内容又太简单。但是一旦找到了，才知道这些地名入歌谣的原因，如"露泽园"是阜成门外一处专葬宫人的墓地，尸体按层向上放，又不断向上掩土，整个坟地如同台地高出地面，于是在坟地四周建墙，用把整个坟地平台不断加高的方法扩大容量，以便接纳后来的尸体。这是一幅多么凄凉的景象，又是赫赫皇宫之内默默无闻的宫女、太监的悲惨结局。这种情况连拉煤的驮夫均看不

踏歌寻典

踏歌寻典

下去，所以有"倒影庙，在高台儿，往前就是露泽园儿"之句，如果没有这首歌谣，有谁能想到今日展览路上的"中露园"小区过去竟是"滥死岗子"呢！是民谣记载了历史，我们又通过民谣知道了世事变迁情况。第三是起到认识北京、了解北京、热爱北京的作用。民谣是集体创作的结果，在流传中不断精炼和完善，概括性非常强。例如，你若理解了"北京形胜歌"，就把北京的自然地理和人文特色的精华掌握住了。掌握"燕京八景"的特色就可感受到宫廷文化的审美取向。"北京区县地名歌"可以让人很快掌握北京的行政区划，记忆起来非常方便。这些歌谣对现实工作和生活有很强的实用价值。本书还收入了"省市地名歌"，这也是北京特色，首都嘛，一般老百姓都有一种政治责任感和全国意识。

为了阅读方便，有的过长的歌谣分成几段来注解，总起来是 50 段，尽量把 18 个区县均涉及到。没收进来的"地名歌谣"还有一些，漏掉的"地名歌谣"肯定比这次《中国歌谣集成（北京卷）》所能收集到的会更多。抢救民间文化刻不容缓，而研究民间文化更是当务之急。

民族民间文化是一个民族存在的标志，是凝聚民族团结的巨大力量。本书所用的歌谣的收集者为完颜佐贤、常继刚、寇殿荣、严宽、王文宝、严德贵、崔琦、马铁汉、李岳年、杨建章、赵宏模、常人春、焦雄、赵敬强、张宝森、崔墨卿、相达君、朱淑英、高志刚、赵彝、纪方、舒乙、刘建斌、张守常、张凤和、李永峰、张宝章同志等，在这里向他们表示感谢，正因为他们做了大量的田野调查，搜集上来这么多的民间歌谣，才有了这本书的成书基础。有的地名在不同首歌谣中重复出现，为了读者查阅方便，注解内容也有重复，也是为"寻典"所需，希读者理解。为了使歌谣涉及面分布均衡，笔者也仿照民谣手法自撰了一些，水平有限。所加注解，错误难免，望求读者指正，以便及时改正，使对民谣的研究工作更加扎实和完善。

封面设计　张希广

责任印制　陆　联

责任编辑　蔡　宏

图书在版编目(CIP)数据

踏歌寻典 ／ 赵书著．－北京:文物出版社,2003.10
（文化百科丛书）

ISBN 7 - 5010 - 1493 - 0

Ⅰ.踏…　Ⅱ.赵…　Ⅲ.民歌-文学评论-中国
Ⅳ.K207.7

中国版本图书馆 CIP 数据核字（2003）第 058899 号

踏 歌 寻 典

赵 书 著

*

文 物 出 版 社 出 版 发 行

（北 京 五 四 大 街 29 号）

http://www. wenwu. com
E－mail: web@wenwu. com

三河市尚艺印装有限公司

新 华 书 店 经 销

850×1168　1/36　印张：8.5

2003 年 10 月第一版　2003 年 10 月第一次印刷

ISBN 7 - 5010 - 1493 - 0/K·732　定价：15.00 元